Malcolm Todd
Die Zeit der Völkerwanderung

Malcolm Todd

Die Zeit der Völkerwanderung

Aus dem Englischen von
Tanja Ohlsen und Astrid Tillmann

Die Deutsche Bibliothek – CIP-Einheitsaufnahme

Ein Titeldatensatz für diese Publikation ist bei
Der Deutschen Bibliothek erhältlich.

Umschlaggestaltung: Atelier Reichert, Stuttgart, unter Verwendung
einer Abbildung aus dem British Museum, London (Vandalischer
Reiter auf einem Mosaik bei Karthago, um 450 n. Chr.)

Karten S. 19, 28, 90: Peter Palm, Berlin

© Malcolm Todd 2001
Originalausgabe: Migrants and Invaders – The Movement of Peoples
in the Ancient World. Erschienen bei Tempus Publishing Inc.,
2 Cumberland Street, Charleston, SC 29401, England
All rights reserved

Übersetzung: Tanja Ohlsen, Astrid Tillmann, Emden/Berlin

© für die deutschsprachige Ausgabe:
Konrad Theiss Verlag GmbH, Stuttgart 2002
Alle Rechte vorbehalten
Lektorat: Alexandra Stickel, Stuttgart
Satz und Gestaltung: Utesch GmbH, Hamburg
Druck und Bindung: Druckhaus Beltz, Hemsbach
ISBN 3-8062-1723-8

Inhalt

Einleitung 7

Völkerwanderung, Ethnizität und Identität 9

Die keltische Diaspora 19

Vor der Völkerwanderung: Rom als Auslöser 39

Die Steppenvölker aus dem Osten 51

Wandel im Westen I: Gallien und Britannien 61

Wandel im Westen II: Von der Donau nach Nordafrika 89

Nachwirkungen im 6. Jahrhundert 125

Wandern, Bleiben und Verändern 141

Literaturauswahl 145

Register 151

Bildnachweis 155

Einleitung

Das Folgende ist das Ergebnis einer Vorlesungsreihe an der Universität von Durham in den Jahren 1998–9. Vorlesungen eignen sich meist nicht für die schriftliche Niederlegung, ich habe jedoch versucht, dem durch umfassende Neuformulierungen und einer weitreichenden Literaturauswahl entgegenzuwirken. Die Völkerwanderung, ihre Gründe und Auswirkungen treffen heutzutage auf ungeheures Interesse. Als ich 2000/2001 dieses Buch schrieb, verging kaum eine Woche, ohne dass meine Aufmerksamkeit auf ein anderes Ereignis gelenkt wurde, das Migration, Flüchtlinge, Asylsuchende oder Menschen betraf, die eine neue Heimat oder eine sicherere Zukunft suchten. Auch wenn die Umstände denen der Wandernden des antiken Europa nicht sehr ähnlich waren, gab es dennoch Zeiten, in denen die alte Welt sehr nahe war.
Ich bin vielen zu Dank verpflichtet. Peter Kemmis Betty lud mich ein, einen Beitrag zu seiner ausgezeichneten, lebendigen Serie zu liefern und er hat geduldig gewartet, bis ich mich von den Verpflichtungen der Hochschulbürokratie freigemacht hatte. Zwei Kohorten der Durhamer Studenten brachten die Geduld auf, den ursprünglichen Vorlesungen zuzuhören und auch den Scharfsinn, meine Argumentation in vielen Punkten zu hinterfragen. Im Laufe der Jahre haben viele meiner Kollegen in Deutschland, Österreich, Frankreich und Italien unbewusst zu meinem Verständnis dieses faszinierenden Themas beigetragen, doch ihre Zahl ist Legion und es wäre nicht fair, sie in das Endresultat zu verwickeln.
Der geografische Rahmen des Buches ist weit gesteckt und könnte lediglich durch weit mehr Karten erläutert werden, als hier beigefügt sind. Man kann dem Leser nur empfehlen, einen guten historischen Atlas während der Lektüre zur Hand zu haben.

Malcolm Todd
Exeter
August 2001

Völkerwanderung, Ethnizität und Identität

Im 20. Jahrhundert wurden die größten Völkerwanderungen in der Geschichte Europas verzeichnet. 1945 zogen mehr als zwei Millionen Menschen westwärts durch die Restgebiete von Hitlers Drittem Reich. Krankheit, Hunger oder Erschöpfung kostete unterwegs eine Million von ihnen das Leben. Eine weitere Million Deutscher wurden aus den tschechischen Landen vertrieben, die meisten von ihnen waren völlig mittellos und besaßen lediglich, was sie am Leibe trugen. Unzählige Polen, durch frühere deutsche und russische Invasionen aus ihrem Land verjagt, versuchten auf unterschiedlichen Wegen, dorthin zurückzukehren. Nach Beendigung der Kriegshandlungen zogen viele weitere Millionen Menschen weiter westwärts auf der Flucht vor einer Tyrannei, wie sie sie noch nie zuvor erlebt hatten. Man kann nicht sagen, wie viele Millionen Menschen in den Jahren 1944–6 durch Europa zogen und wie viele auf ihren verzweifelten Märschen umkamen.

In der Zeit nach dem Zusammenbruch einer weiteren Großmacht im Jahr 1989 setzten wiederum Massenwanderungen in Ost- und Mitteleuropa ein. Immer mehr Menschen versammelten sich an den Grenzen der westeuropäischen Staaten. Ostdeutsche, Polen, Rumänen und Slowaken versuchten, nach Deutschland, Österreich und Ungarn zu gelangen, unter anderem versuchten auch Albaner, Italien und Griechenland zu erreichen. Der Fall der Zentralregierung in Jugoslawien ließ viele Menschen in benachbarte Staaten flüchten und wieder andere Konflikte mit ihren Nachbarn auslösen. Wieder einmal galt die größte Aufmerksamkeit der bitteren Realität von Entwurzelung, Auswanderung und Neuansiedlung. Menschen mit einem Sinn für die Vergangenheit Europas mussten zwangsläufig Parallelen zum Untergang früherer Imperien ziehen. Durch die modernen Bedingungen werden die Umstände der Antike nicht wiederholt und können damit auch nicht verglichen werden, doch gibt es über die Jahrhunderte hinweg Ähnlichkeiten, da die meisten menschlichen Impulse von den äußeren Bedingungen unabhängig sind.

Während der letzten zweieinhalb Jahrhunderte hatte die Forschung in Bezug auf die Völkerwanderung eine wechselvolle Geschichte. Vor dem Ende des 18. Jahrhunderts trennten nur wenige Schriftsteller das Phänomen der Völkerwanderung vom Untergang des Römischen Reiches. Daher richtete sich die Aufmerksamkeit auf die Zerstörung der zivilisierten Welt durch äußere Einwirkungen. Diese Ansicht unterstützte Edward Gibbon in seinen einflussreichen Arbeiten. Die Invasionen in Italien, Spanien und Afrika waren demnach nichts weiter als Invasionen, die das Weströmische Reich schwächten und schließlich stürzten. In der englischsprachigen Welt behauptete sich Gibbons Ansicht das nächste halbe Jahrhundert lang. Erst nach der Revolution 1848 zeichnete sich ein Meinungswechsel in den Ländern außerhalb des Römischen Weltreiches ab, besonders in Mitteleuropa.

In den zahlreichen deutschen Staaten wuchs das Interesse an der germanischen Vergangenheit, einerseits angeregt durch politische Faktoren, andererseits durch das zunehmende Interesse der lokalen Bündnisse an der Vergangenheit ihrer Gebiete sowie durch die steigende Zahl von Funden, die das industrielle Wachstum, der Ausbau der Städte und der Bau von Eisenbahnen zu Tage förderten. Im Jahr 1848 erschien als Höhepunkt die einflussreiche Abhandlung über die Archäologie der nach-römischen Völkerwanderung: *Das germanische Todtenlager bei Selzen in der Provinz Rheinhessen* von Wilhelm und Ludwig Lindenschmidt. Diese kurze Monografie mit einer Karte und detaillierten Aquarellillustrationen bezeichnet den Beginn wissenschaftlicher Forschung zur Völkerwanderungszeit. Etwa zur gleichen Zeit begann die Linguistikforschung in Europa Fortschritte zu machen, auch wenn dies meist durch nationalistische Interessen begründet war. Da zunehmend mehr Knochenmaterial zur Verfügung stand, traten auch tatsächliche und vermutete Rassemerkmale in den Vordergrund von Studien zu den antiken Völkern. ==Kern der Debatte war die Unterscheidung zwischen Kelten und Germanen:== eine frühe Manifestation für die Identitätssuche von Völkern, die versuchten, ihre eigene Nationalität durch den Rückbezug auf ihre Vergangenheit zu legitimieren.

Diese Themen wurden in Mitteleuropa stärker diskutiert als anderswo, da sich Nationalstaaten in Deutschland und Österreich-Ungarn bildeten. In Großbritannien war die Zuwanderung von Menschen aus Nordeuropa auf die Insel eine etablierte Tatsache, die, wenn überhaupt, den Sinn für die nationale Identität nur stärkte. Jeder gebildete Brite war sich seiner angelsächsischen Vergangenheit ebenso bewusst wie der Existenz König Arthurs. Kein Gründungsmythos hatte Bestand, obwohl sich viele mittelalterliche Chronisten darum bemühten. Noch Jahrhunderte nach dem Ende der römischen Herrschaft nahm Britannien Einwanderer aus Mittel- und Nordeuropa auf, ohne dass dies dem Nationalbewusstsein, einem Begriff, der vor dem 18. Jahrhundert keine Bedeutung hatte, Abbruch tat. Holländische Edelleute konnten englische Peers werden, Künstler und Handwerker aus Holland und Italien trugen zur Entwicklung der britischen Kunst bei, und das Spektrum an Flüchtlingen leistete einen Beitrag zur reichen Kultur einer kleinen Insel. Einwanderer reisten damals wie heute nicht ausnahmslos in Massen.

Der Anreiz zum Studium der Völkerwanderung wurde durch die Entwicklung der Archäologie als unabhängige und professionelle Disziplin besonders an den Universitäten und Museen Deutschlands im späten 19. Jahrhundert gefördert. Das starke Bestreben, die einzelnen Völker mit ihren archäologischen Kulturen zu identifizieren, wurde von Gustav Kossinna angeführt, dessen Werk aus den 1880er-Jahren bis in die 20er des letzten Jahrhunderts zur nationalistischen Zeitströmung passte und die nationalsozialistische Partei ansprach. Der Reiz von Kossinnas Theorien lag in der Tatsache, dass Stämme und andere Gruppen mit bestimmten archäologischen Kulturen in Verbindung gebracht werden konnten, so dass ihre Bewegungen nachvollzogen und geografische Bereiche bestimmten Völkern zugeordnet werden konnten. Diese grundlegende Haltung wurde von den meisten Wissenschaftlern auf diesem Forschungsgebiet bis in die 40er-Jahre hinein übernommen und sie wirkte auch nach 1945 noch lange nach. Derartige Theorien beschränkten sich nicht nur auf Deutschland. In Großbritannien forschte Gordon Childe, der keineswegs Nationalist war, in der ersten Hälfte des 20. Jahrhunderts in einer ganz ähnlichen Richtung. Das wachsende archäologische Wissen hatte wenig Einfluss auf die Betrachtung der Spätzeit des Römischen Reiches und der Völkerwanderung. Die wenigen Historiker, die es wagten, über diese Themen zu schreiben, bemühten sich darum, sie zu unterscheiden. Eine lobenswerte Ausnahme bildete J. B. Bury, der seit 1902 den Regius Chair of Modern History in Cambridge innehatte. Er behandelte den Niedergang des Römischen Westreiches und die Bildung neuer politischer Strukturen zwar im gleichen Rahmen, doch war dies, von seinem Standpunkt aus gesehen, der Kampf zwischen einer untergehenden Zivilisation und der Barbarei. Dies kam zu einer Zeit, in der sich die Imperien des 19. Jahrhunderts aufzulösen begannen, nicht überraschend. Sein Urteil wird wohl auch durch den Ersten Weltkrieg geprägt worden sein, den viele als den Zusammenbruch der Zivilisation ansahen.

Viel Aufmerksamkeit erregten die Gotenvölker und ihre Wanderungen im späten 19. und frühen 20. Jahrhundert. Gotenkönige, reale oder mythologische, hatten bereits die mittelalterlichen Herrscher in Skandinavien und Deutschland interessiert. Der Reiz der Gotenwanderungen blieb bis weit ins 20. Jahrhundert erhalten und wurde von den Nazis noch verstärkt, die eine pan-germanische Kultur propagierten und den politischen Vorteil betonten, der daraus gezogen werden konnte, besonders in den Gebieten, die später von slawischen Völkern besiedelt worden waren. Objektivere Forschungen zur Völkerwanderung machten zwischen 1930 und 1950 wenig Fortschritte. Erst nach dem Zweiten Weltkrieg wurde die Vorstellung von Migration und Identität in einem völlig veränderten wissenschaftlichen Klima erneut betrachtet und die wissenschaftliche Bedeutung der Ethnogenese nahm immer mehr zu. R. Wenskus' 1961 publiziertes Buch *Stammesbildung und Verfassung* bildete die Vorhut dieser neuen Herangehensweise. Es griff die bestehende Meinung über die wandernden Völker und die Bildung von Völkern und frühen Staaten an. Nur kurze Zeit später erschien ein weiteres kontroverses Werk von Hachmann, Kossack und Kuhn, *Völker zwischen Germanen und Kelten*, das die Schwierigkeit aufzeigte, in der frühen Römerzeit zwischen „Germanen" und „Kelten" zu unterscheiden, und auf das Überleben von Völkern hinwies, die in keine der beiden großen Kategorien passten und die eine neue Identität erhielten, als sich das Römische Reich an Rhein und Donau etablierte.[1] Die einmal begonnene Debatte weitete sich rasch aus, als sich das Interesse auf Ethnogenese, Staatenbildung und Identität ausdehnte.

Weitere archäologische Beweise, besonders zu den Beziehungen zwischen dem römischen Imperium und den Völkern außerhalb des Römischen Westreiches lieferten weiteren Brennstoff. H.-W. Böhmes Arbeit über germanische Kriegergräber im spätrömischen Gallien (1974) bildete eine solide wissenschaftliche Grundlage für dieses Thema, auf das sich die weitere Forschung gründete. Gleichzeitig standen die historischen und rechtlichen Beweise im Blickpunkt des Interesses. In den 60er- und 70er-Jahren stützte sich E. A. Thompson in seinen Arbeiten über frühe germanische Kulturen stark auf die klassischen Quellen, doch sollten sich der Forschung bald andere Wege öffnen. Ab 1979 erschien die herausragende Arbeit von H. Wolfram über die Gotenvölker, die die Forschung über diese Hauptgruppen die nächsten zwanzig Jahre lang dominieren sollte. Im gleichen Zeitraum begann man sich für die Situation der Barbarenvölker innerhalb der spätrömischen Welt und ihre spätere Integration in die Reste des Imperiums zu interessieren. Angeregt wurden diese Studien hauptsächlich durch die Publikationen von W. Goffart, darunter nicht zuletzt *Barbarians and Romans. The Techniques of Accommodation*, das 1980 erschien. Die Beziehungen zwischen den Wanderern, Invasoren und dem untergehenden Imperium wurden hier in einer umfassenderen und überzeugenderen Weise dargestellt. In diesen Jahren erstellten auch die Archäologen einen kritischen Überblick über die Idee von Identität in der Antike, sowohl inner- als auch außerhalb des Römischen Reiches. Diese wissenschaftlichen Entwicklungen fanden vor dem Hintergrund massiver politischer Veränderungen statt, besonders im östlichen und mittleren Europa, da die Sowjetunion zerfiel.

Völkerwanderung, Ethnizität und Identität

Die großen Völkerwanderungen zwischen dem 4. und 7. Jahrhundert waren sehr komplexe Vorgänge, die weit mehr darstellten als den Zug von Menschen aus einer Region in eine andere. Eine einfache „Wanderung" einer Gruppe von A nach B schien eher die Ausnahme. Eine der

---

1 R. Hachmann, G. Kossack und H. Kuhn, *Völker zwischen Germanen und Kelten*, 1962.

wichtigsten Entwicklungen der Völkerwanderungszeit war das Auftreten ethnischer und anderer Einheiten, die sich manchmal auf frühere Gruppierungen stützten, sich in anderen Fällen aber auch neu bildeten. Es ist eine grundlegende Frage, inwieweit die Völkerwanderung dazu beitrug, Bevölkerungseinheiten zu bilden oder umzubilden und diesen eine spezifische Identität zu geben. Dieses Gebiet ist nicht leicht zu erforschen. Die überlieferten antiken Quellen bieten kaum konkrete Hilfe und die archäologischen Beweise liefern wenig mehr. Das Thema Ethnizität wurde in den letzten Jahren einer kritischen Betrachtung unterzogen, was nicht immer konstruktiv war. Es ist gefährlich, antiken Gesellschaften moderne Konstrukte aufzuzwingen, denn selbst die Begriffe, die wir so bedenkenlos verwenden, können irreführend, irrelevant oder schlecht definiert sein.[2]

Die meisten von ihnen aus dem Bereich Ethnizität, Stämme und Frühstaaten können unmöglich exakt definiert werden. Antike Quellen benutzen häufig die Begriffe *gens*, *natio* und *populus*, allerdings nicht in dem Sinn, in dem sie ein moderner Anthropologe oder Historiker verwenden würde. Zudem neigen moderne Wissenschaftler dazu, historische Bevölkerungsgruppen mit anachronistischen Kriterien zu messen. Die Definition von Ethnizität ist von der Vorstellung einer gemeinsamen Kultur oder Sprache dominiert, doch sind derartige Vorstellungen vage und unbefriedigend. Innerhalb eines Volkes wie der Goten oder Franken beispielsweise müssen kulturelle Elemente wie Religion, Sprache und Abstammungsvorstellungen nicht kohärent oder einheitlich gewesen sein. Viele Definitionen von einzelnen Stämmen, Völkern und Nationen sind somit veränderlich, nicht zuletzt, weil die Vorstellung von Ethnizität und Identität nicht immer übereinstimmt ist oder einer logischen und konsequenten Linie folgt.[3]

Wir sind größtenteils den Termini ausgeliefert, die die antiken Schriftsteller verwendeten. *Gens*, was so viel wie Stamm oder Volk bedeutet, wurde nie präzise gebraucht. Römische Schriftsteller waren keine sensiblen Analytiker nichtrömischer Gesellschaften und waren sich insbesondere selten ihrer sozio-politischen Veränderungen bewusst. Die größten Veränderungen, die sich während der Völkerwanderungszeit ergaben, wurden kaum beachtet oder verzeichnet. Daher gibt es starke Einschränkungen, was die Präzision und Verlässlichkeit unserer Definition der Völker angeht, die versuchten, in das Römische Reich einzudringen.

Jede Art von Wanderung ist in der heutigen Welt ein unmittelbares und akutes politisches und soziales Problem in Europa, Asien sowie in Nord- und Südamerika. Flüchtlinge, Asylsuchende, Wirtschaftsflüchtlinge und solche, die aus anderen Gründen eine neue Heimat suchen, haben in der Weltgeschichte in den letzten zehn Jahren eine große Rolle gespielt, in Europa seit dem Fall der Sowjetunion im Jahre 1989.

[2] E. Kedourie, *Nationalism*, 1960; H. A. Macdougall, *Racial Myth in English History*, 1982; A. D. Smith, *National Identity*, 1991.

[3] J. Rex, *Race and Ethnicity*, 1986; S. Jones, *The Archaeology of Ethnicity*, 1997.

Bisher ist noch nicht abzusehen, wohin dieser Strom, der hauptsächlich Menschen aus Osteuropa und Eurasien nach Westen lenkt, noch führen wird. Doch es gibt keinen Zweifel daran, dass er die Regierungen in Europa seit einem Jahrzehnt beschäftigt, und seine Auswirkungen werden sich noch über viele Jahre hinweg bemerkbar machen. Der Zusammenbruch oder Untergang einer Großmacht war bereits früher der Hintergrund oder Anlass für größere Verschiebungen, insbesondere als im 4. und 5. Jahrhundert der Einfluss der Römer im westlichen und mittleren Europa schwächer wurde. Vergleiche zwischen dieser Zeit der Umsiedlung und den Ereignissen, die auf die Auflösung der Sowjetunion folgten, sind oberflächlich und spielen hier keine Rolle, wenn man von der offensichtlichen Tatsache absieht, dass der Zusammenbruch einer Blockmacht stets Auslöser für eine Verschiebung von Völkern sein kann. Sieht man jedoch von den Umständen ab, die sich nicht direkt vergleichen lassen, so gibt es erkennbare Gemeinsamkeiten. Die zahlreichen, mit dem Zerfall einer seit langem bestehenden und scheinbar unzerstörbaren Welt einhergehenden, politischen, wirtschaftlichen und sozialen Faktoren verstärkten den Drang der Menschen, fortzuziehen. Die Anreize, auszuwandern, waren in jeder Epoche unterschiedlich und meist sehr komplex. Man kann sie nicht auf eine einzige Formel bringen, da die Motivationen nie einfach waren und die Beziehungen zwischen den Wanderern und den Bevölkerungsgruppen, denen sie sich anzuschließen versuchten, sich keinen Regeln unterwarfen.

Klimabedingungen in der Antike[4]

Oft wurde das Klima und seine Auswirkung auf das Land und das Leben der Menschen als Faktor für eine Auswanderung angenommen. Dies ist sehr ernst zu nehmen, obwohl sich nur schwer handfeste Beweise dafür finden lassen. Mittel- und Osteuropa, von dem so viele Wanderungen ausgingen, ist ein Gebiet mit einem Übergangsklima, in dem das milde Seeklima von Nordsee und Atlantik auf das wesentlich rauere Kontinentalklima der eurasischen Steppen trifft. Folglich haben die Niederlande und das nordwestliche Deutschland ein ähnliches Seeklima wie das südliche Großbritannien und Nordfrankreich, während weiter südlich die Temperaturen und Regenfälle im Hochland Mitteleuropas durch die Alpen beeinflusst werden, und die weiten Ebenen im Norden und Osten mehr den extremeren Kontinentalbedingungen ausgesetzt sind, die sich östlich der Elbe immer stärker bemerkbar machen. So gibt es im Gebiet des Niederrheins im Durchschnitt 45 Tage Frost im Jahr, zwischen Elbe und Oder 90 Tage und 96 zwischen Oder und Weichsel. In Mittel- und Ostdeutschland können die Winter oft lang sein und die Kälte ist auch ohne den eisigen Ostwind intensiv. Der Niederschlag nimmt von West nach Ost eher ab, wenn auch dieses

---

4 Dieses Kapitel befasst sich nicht mit dem umfassenden Gebiet der Klimaveränderungen und ihrer möglichen Auswirkungen in der Geschichte, sondern es soll vielmehr die groben Unterschiede in den einzelnen Klimazonen von der westlichen Steppe bis zur europäischen Küste aufzeigen und den Einfluss, den dies möglicherweise auf die Wanderungen der Völker gehabt hat.

Schema nicht durchgängig ist. Im Hochland zu beiden Seiten des Mittelrheins regnet es wesentlich häufiger als im Rheintal selbst. Im Schwarzwald fallen durchschnittlich 200 cm Regen im Jahr, während es im oberen Rheintal, nur etwa 50 km weiter westlich, nur 75 bis 90 cm sind. Der natürliche Schutz des Rheintals und der Wetterau am unteren Main machten diese Gebiete offensichtlich attraktiv, nicht zuletzt deshalb, weil das Hochland im Osten bedeutend kälter und nasser war, und längere Schnee- und Frostperioden hatte. Diese Tatsache war denjenigen, die dort seit dem späten 1. Jahrhundert die römische Grenze bauten, sicherlich nicht unbekannt.

Im südöstlichen Europa boten die unteren Donauebenen, die Ukraine und die westlichen Steppen ein wesentlich extremeres Klima und eine weit weniger gastliche Umgebung. Die Schwarzmeerküste hat zwar ein ähnliches Klima wie das Mittelmeer, doch das Hinterland der Donau und das Balkan-Hochland sind dem Kontinentalklima unterworfen, bei dem sich harte Winter mit starkem Schneefall mit heißen, trockenen Sommern abwechseln. Die westlichen Steppen leiden sogar unter noch größeren Extremen mit starken Schwankungen im Jahr. Das unvorhersehbare Wetter und diese Extreme stellen auch heute noch enorme Schwierigkeiten dar. Die katastrophalen Auswirkungen von spätem Frost und Frühlingsdürren auf Korn und die übrige Vegetation, sowie die von Krankheiten wie Malaria hinterlassenen Verwüstungen sind über Jahrhunderte hinweg dokumentiert. In mehr als einem Fall brach die Landwirtschaft völlig zusammen.

Auch Überflutungen wurden in den letzten Jahrhunderten registriert, besonders an der Donau und ihren Zuflüssen aus den Karpaten. Die Überflutung des Landes nördlich der Donau führte oft zu großen Problemen und machte weite Gebiete nahezu unbewohnbar oder für die Besiedelung unattraktiv. Das so entstandene tief liegende Marschland war sowohl unfruchtbar als auch eine Brutstätte für Krankheiten. Da die Donau früher wesentlich breiter und flacher verlief als heute, fror sie öfter zu und ermöglichte es Mensch und Tier, an das meist gesündere Südufer überzusiedeln. Das stellte die Grenzverteidigung der Römer sicherlich vor Probleme, und gelegentlich musste der Druck aus dem Norden durch die Ansiedlung von Auswanderern südlich der Donau gemildert werden.

In den verschiedenen Abschnitten der Völkerwanderungen haben die beiden großen Flüsse Rhein und Donau eine tragende Rolle gespielt, wobei sie manchmal als Straßen für und manchmal als politisch verstärkte Barrieren gegen die Wanderungen fungierten. Wir sind gewohnt, Karten historischer Situationen, seien es römische Grenzen oder Bevölkerungsverteilungen, über moderne Karten gelegt zu sehen, in denen die Läufe der großen Flüsse fest und geregelt eingetragen sind. Doch dieses Bild trügt. Bis zum 18. Jahrhundert verlief der Rhein von den westlichen Alpen bis zum Zusammenfluss mit dem Main und von Koblenz bis zur Nordsee nicht in einem einzelnen Kanal. Noch lange danach konnte der Niederrhein weit aus seinem Bett abweichen, besonders, wenn die Schneeschmelze in den Alpen plötzlich einsetzte. Noch 1994 wurden die Niederungen von Niederrhein und Maas mehrere Meter hoch überflutet. Auch der mittlere und untere Donaulauf hatte bis zum 19. Jahrhundert kein festes Bett. In mittelalterlichen Dokumenten ist von schweren Überflutungen die Rede, große Brücken wurden weggeschwemmt und weite Landflächen zu beiden Seiten des Flusses verwüstet. An einigen Stellen war der Strom 1,5 km breit und konnte mit Flößen und Kähnen leicht überquert werden.

Besonders interessant sind die Klimaverhältnisse in der unteren Donauregion, da es in spät- und nachrömischer Zeit dort zu den wichtigsten Wanderungen kam. Klimatisch gesehen hat sie mehr mit den westlichen russischen Steppen gemeinsam als mit dem Rest Südosteuropas. In den Wintermonaten kann die Temperatur bis auf −35 °C fallen und es kommt zu heftigen Schneefällen, wie Hitlers Armee im Winter 1941–2 feststellen musste. Im Hochsommer werden oft 40 °C erreicht. Diese Extreme schlagen sich auch in der Regenmenge nieder. Manche Gebiete leiden zwischen Mai und September unter Regenmangel, während anderswo in wenigen Tagen heftige Regengüsse niedergehen und schnell versickern, ohne dass viel Feuchtigkeit für Getreide und andere Feldfrüchte übrig bliebe. Die Ebene nördlich der Donau ist für Klimaschwankungen besonders anfällig. Spätem Frost im Frühling folgt ein heißer, trockener Sommer und darauf ein strenger, fünf Monate langer Winter. In der letzten Zeit führten diese Schwankungen zu einem sozialen und wirtschaftlichen Zusammenbruch. Erst 1914 zerbrachen die Wirtschaftsstrukturen im unteren Donaugebiet buchstäblich aufgrund der schlechten Wetterbedingungen. Weiter östlich können heftige Regenfälle in der Steppe immer noch eine stark zerstörende Wirkung haben. Unter antiken Bedingungen mögen die Bewegungen der Steppenvölker wohl eher von solchem Druck ausgelöst worden sein als durch Krieg und Eroberung.

Klimaveränderungen haben das westliche Europa nur langsam beeinflusst. Seit dem späten 1. Jahrtausend v. Chr. begann eine trockenere und mildere Zeit. Im Großen und Ganzen scheinen die ersten beiden Jahrhunderte n. Chr. mild und für die Landwirtschaft vorteilhaft gewesen zu sein. Doch durch den erhöhten Niederschlag traten die großen Flüsse häufig über die Ufer. Das 3. und 4. Jahrhundert waren trockener, auch wenn ein Anstieg des Meeresspiegels an der See für Sturmfluten gesorgt haben mag. Dies deckt sich mit Untersuchungen in Nordamerika, die ebenfalls warme Sommer gefolgt von wesentlich feuchteren Bedingungen vermuten lassen. Die allgemeinen Beobachtungen werden durch lokalisierte Daten gestützt. Die Untersuchung der Alpengletscher lässt eine Phase warmen Wetters vom 3. Jahrhundert an vermuten, auf das nach 400 n. Chr. feuchte Bedingungen folgten. Studien in Mitteldeutschland und Dänemark, die auf vermehrten Regenfall im frühen 5. Jahrhundert hinweisen, stützen diese Untersuchungen. Fasst man diese Resultate zusammen, so ergibt sich ein Trend zu wärmerem und feuchterem Wetter in Europa nach 400 n. Chr. zusammen mit einem globalen Temperaturanstieg bis ca. 800 n. Chr., der Zeit der größten Völkerwanderungen in Mittel- und Westeuropa. Diese Fakten müssen bei der Beurteilung des Hintergrundes, vor dem in diesen stürmischen Jahrhunderten die Völkerwanderung stattfand, in Betracht gezogen werden.

Eine besondere Auswirkung der Klimaveränderung betraf die Küste von Norddeutschland, der Niederlande und dem östlichen England. Eine größere Meeresbodenverschiebung – nach dem Ort, an dem sie zuerst untersucht wurde, die Dünkirchen-Verschiebung genannt – veränderte die Küstenlinie im nordwestlichen Europa und des dahinter liegenden Landes. Die Gründe für diese Verschiebung sind häufig besprochen worden. Die meisten Fachleute brachten sie mit dem Schmelzen der arktischen Polkappen durch die erhöhte Wassertemperatur in Verbindung. Die ersten Auswirkungen machten sich bis weit ins 4. Jahrhundert n. Chr. nicht bemerkbar. Solch eine Veränderung geschah nicht kurzfristig, sondern wird wohl mindestens eineinhalb Jahrhunderte gedauert und erst im späten 5. Jahrhundert ihren Höhepunkt erreicht haben.

Die keltische Diaspora

Im bis dahin stabilen Gebiet Europas von der oberen Donau bis zur oberen Rhone und Seine wurden zwischen 500 und 450 v. Chr. große Veränderungen verzeichnet. Soziale Gruppen unter der Herrschaft der Hallstattfürsten, die die reichen Vorkommen des Landes wie Metalle, Salz und Landwirtschaftsprodukte kontrollierten, hatten seit langem Kontakt zu den Bewohnern des Mittelmeerraumes, besonders zu den Etruskern in Italien und den griechischen Städten in Südfrankreich. Sie hatten aus diesen Gebieten die wertvollen Güter bezogen, mit denen ihre Elite sich schmückte und handelte. Im frühen 5. Jahrhundert v. Chr. begann sich diese stabile Beziehung aufzulösen. Spannungen im sozialen Gefüge wurden teilweise aufgrund des internen Wettbewerbs stärker. Dem lag jedoch wahrscheinlich ein erheblicher Bevölkerungszuwachs zugrunde, wie das Wachstum und die Zahl von Siedlungen und Friedhöfen vermuten lassen. Der römische Schriftsteller Pompeius

Die Ausbreitung der Kelten

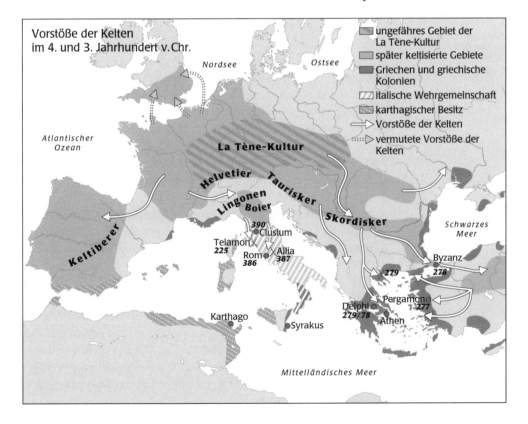

Trogus bemerkte im 1. Jahrhundert v. Chr., dass die Völker Galliens für ihr Land zu zahlreich geworden waren. Da er bei den Vokontern in Südgallien geboren war und sein Vater unter Julius Caesar gedient hatte, konnte er diese Informationen mit mehr Berechtigung verbreiten als die meisten Römer. Auch Livius nahm das Bevölkerungswachstum aufgrund der landwirtschaftlichen Produktivität wahr. Er ergänzte, dass dies zu einem Zusammenbruch der Ordnung führte, was nichts anderes hieß, als dass die Gesellschaft zerfiel. Auch wenn diese Schriftsteller Entwicklungen beschrieben, die lange zuvor stattgefunden hatten, ist es wahrscheinlich, dass sie Informationen weitergaben, die sie aus früheren Quellen bezogen. Man muss ihre Berichte daher ernst nehmen.[1]

Griechische und römische Schriftsteller waren sich der Bewegung der transalpinen Kelten um 400 v. Chr. hauptsächlich in den Süden der italienischen Halbinsel durchaus bewusst.[2] Im Juli 390 v. Chr. erfuhr der römische Staat schmerzhaft die Macht dieser Eindringlinge, als die Kelten den Römern am Fluss Allia eine massive Niederlage bereiteten, eine Umkehrung der Rollen, die durch die darauf folgende Einnahme und Plünderung von Rom noch verschlimmert wurde.

Es ist unwahrscheinlich, dass die Einwanderung der Kelten in die fruchtbare norditalienische Ebene bereits um 400 v. Chr. begann. Im vorhergehenden Jahrhundert gab es Anzeichen für eine Infiltration aus dem Norden der Alpen, wohl durch Kriegergruppen, die die Ressourcen der Po-Ebene unter ihre Herrschaft zu bringen versuchten. Auf Steinstelen in Bologna sind die Begegnungen zwischen den Eindringlingen und den Bewohnern Norditaliens auf lebendige Weise belegt. Da sich der Kontakt zwischen der griechischen und etruskischen Welt und den Gemeinschaften Mittel- und Westeuropas bereits weit vor 500 v. Chr. angebahnt hatte, folgten die Einfälle der Kelten in Norditalien wohl eher einem gewöhnlichen Muster von Söldnertum durch die Mächte, die um die Vorherrschaft in dieser begehrten Region kämpften.

Nach der durch Polybius überlieferten griechisch-römischen Tradition sah man die Kelten als Nachbarn der Etrusker und deren Rivalen um das Territorium an. Die Macht der Etrusker stieß um 450 v. Chr. an ihre nördlichen Grenzen, so dass die Kelten Gelegenheit hatten, nach Süden auf die Apenninen vorzustoßen. Die genauen Daten für diese Bewegung sind noch immer nicht bekannt, doch ereignete sich dieser Vorstoß vermutlich in der zweiten Hälfte des 5. Jahrhunderts v. Chr. Die Wege der keltischen Gruppen folgten wahrscheinlich den natürlichen Kommunikationswegen durch und um die Alpen. Von den mittleren Donauländereien führten sie wahrscheinlich durch das Inntal und über die östlichen Alpenpässe oder sogar östlich um das Massiv herum in die venezianische Ebene.

1 Allgemein: L. Pauli, *Die Kelten in Mitteleuropa*, 1980; S. Moscati, *The Celts*, 1991; die beste neuere Publikation ist: B. Cunliffe, *The Ancient Celts*, 1997.

2 Das La-Tène-Material aus Norditalien wurde noch nicht eingehend untersucht. Zu transalpinen Verbindungen siehe: L. Pauli, *Die Golasecca-Kultur und Mitteleuropa*, Hamburger Beiträge zur Archäologie 1, 1974, 1–58.

Im Westen dürfte der Vormarsch vom oberen Rheintal über den Großen St. Bernhard in die nördliche Po-Ebene bei Turin und Mailand verlaufen sein. Es gibt jedoch für diese Zeit keine archäologischen Belege für eine Masseninvasion von Kelten in Norditalien. Soweit man derzeit sehen kann, scheint es eine Bewegung kleiner Kriegergruppen gewesen zu sein, die Gebiete zu erobern versuchten und sich die Bevölkerung unterwerfen wollten. Man vermutet, dass ein Überfall den Anfang machte, mit der die Machtbasis eines Kriegsherrn und seines Gefolges gefestigt werden sollte. Wenn dies Erfolg hatte, wurden wahrscheinlich ehrgeizigere Ziele verfolgt, man versuchte unter anderem, Land zu besetzen und dauerhaft zu besiedeln.

Es lässt sich nur schwer sagen, was diese Gruppen zur Wanderschaft trieb. Antike Schreiber zählten die unbestrittenen Anziehungspunkte der mediterranen Welt auf und verwiesen nicht zuletzt auf den Luxus, der in Mittel- und Nordeuropa nicht zu finden war. Diese Attraktionen mögen eine Rolle gespielt haben, können aber kaum der einzige Anreiz gewesen sein. Des Weiteren wird das Bevölkerungswachstum angeführt, für das es im Kernland der Kelten auch archäologische Nachweise gibt. Im Marnebecken nahm die Stärke der stabilen und reichen Elite im späten 5. Jahrhundert v. Chr. ab und konzentrierte sich nach 400 v. Chr. in der Gegend um Reims. Am mittleren Rhein und im Moselbecken ist ein ähnlicher Rückgang an Bestattungen von Angehörigen der oberen Schichten zu verzeichnen und die Aufgabe von Siedlungen ist offensichtlich. Nach 400 v. Chr. verbreitete sich in dieser Gegend eine homogene Kultur. Ähnliche Anzeichen für einen Bevölkerungsrückgang gibt es im 4. Jahrhundert in Böhmen. Die Zeugnisse sprechen nicht von einem Massenexodus, sondern eher von einer Bevölkerungsverschiebung innerhalb mehrerer Jahrzehnte oder Generationen. Es ist jedoch bedeutsam, dass solche Anzeichen von Wanderungen etwa gleichzeitig in mindestens drei verschiedenen Gebieten West- und Mitteleuropas auftraten.

Hinter der Invasion der Kelten in Norditalien stand offensichtlich eine aggressive Aktion. Die Erzählungen von Polybius und Livius, unsere wichtigsten historischen Quellen, sind sich in diesem Punkt einig und es gibt auch keinen Gegenbeweis. 391 v. Chr. drang eine keltische Streitkraft nach Süden bis Clusium in Etrurien vor, wo die Eindringlinge Land zu besiedeln versuchten. Verhandlungen brachten kein Ergebnis und die beiden Parteien griffen zu den Waffen. Ein keltischer Anführer wurde getötet und bezüglich der Wiedergutmachung griffen die Römer hart durch. Im folgenden Sommer stießen die Kelten noch weiter nach Süden vor, besiegten im Juli die Römer in einer größeren Schlacht an der Allia und rückten vor, um mehrere Monate lang Rom zu besetzen. Der Ausbruch von Krankheiten und eine große Gabe römischen Goldes brachten sie schließlich dazu, sich zurückzuziehen. Doch mit dieser Invasion begann eine Zeit der keltischen Überfälle in Italien, die die römische Autorität in den nächsten Jahrzehnten bedrohte.

Keltische Krieger konnten auch für Söldnertruppen angeheuert werden, und es gab einige Herrscher in den griechischen Kolonien Süditaliens, die deren Fähigkeiten genau kannten. Dyonisos von Syrakus warb 385 v. Chr. eine Gruppe Kelten an, die an seiner Seeschlacht am Hafen von Pyrgi im Jahre 384–3 v. Chr. teilnahm. Andere Kelten waren in Apulien stationiert und marschierten 357 v. Chr. gegen Rom. Gleichzeitig waren weitere in Griechenland auf Seiten der Spartaner gegen die Thebaner aufgestellt. Im Italien nach 300 v. Chr. stellten die keltischen Kräfte eine starke feindliche Bedrohung der Nordgrenze des Römischen Reiches dar, während die Römer ihre Herrschaft auf der Halbinsel festigten. Ein massiver Einfall brachte die Kelten 225 v. Chr. entlang der Westküste bis vor Rom. Bei Telamon wurden sie von zwei Römerheeren eingekeilt und vernichtend geschlagen, wobei nach Polybius 40 000 getötet und 10 000 gefangen genommen wurden. Danach fühlte Rom sich stark genug, in die Offensive zu gehen und schlug mit einigem Erfolg 224 v. Chr. die Boier und 222 v. Chr. die Insubrer. Nach dem Krieg gegen Karthago im späten 3. Jahrhundert konnte Rom zwar seine nördliche Grenze behaupten, war jedoch gegen die Einwanderung von Kelten auf die Halbinsel machtlos. 186 v. Chr. fand eine weitere große keltische Invasion statt, die erst nach drei Jahren umkehrte. Danach schien Italien sicher, doch nun wurde aus dem nördlichen und mittleren Europa ein weiterer massiver Angriff geführt, der die Westgrenze des Römischen Reiches bedrohte.

In den weiten Ebenen nördlich der unteren Donau und des Schwarzen Meeres spielten sich schon vor dem Aufblühen Roms Jahrhunderte lang viele Wanderungen ab. Die verlässlichste Quelle der ethnischen Situation in dieser Gegend, die aus der Antike überliefert ist, ist Strabo im frühen 1. Jahrhundert n. Chr. Er gibt nicht nur einen fundierten Bericht über die einzelnen Völker, er zeigt auch ein außergewöhnlich gutes Gespür für die unterschiedlichen Lebensweisen der Völker im Mittelmeerraum und in der Steppe. Strabo war sich der komplexen und ständig bewegenden Masse von Völkern nördlich der Donau vollkommen bewusst:

> Die Gegenden jenseits des Rheins und das Keltenreich nördlich der Ister (Donau) sind die Gebiete der Galater- (Kelten) und Germanenstämme, die sich bis *Bastarnae* und *Tyrageta* und zum Fluss *Borycthenes* (Dnieper) erstrecken. Die Gebiete aller Stämme zwischen diesem Fluss und dem Tanais (Don) und der Mündung des Sees *Maeotis* (*Azow*-See) erstrecken sich ins Inland (nördlich) bis zum Ozean und werden vom Pontischen Meer (Schwarzen Meer) umspült. Doch die Stämme der Illyrer und

Thraker sowie alle keltischen Stämme und andere Völker, die sich mit diesen vermischen, bis nach Griechenland, liegen südlich der Ister. (*Geographie* VII, 1)

Als genauer Chronist von Informationen war Strabo bereit zuzugeben, dass seine Kenntnis der Region unvollständig war:

Man kann nicht genau sagen, was jenseits von Germanien und seinen Nachbarn liegt, ob es die Bastarner sind, wie die meisten Schreiber sagen, oder ob wir dazwischen andere nennen sollten, entweder Iazygen oder Roxolanen oder andere Wagensiedler und auch nicht, ob sich ihre Gebiete bis zum Meer und entlang seiner Küste erstrecken, oder ob Teile des Landes aufgrund der Kälte oder anderer Faktoren unbewohnbar sind, oder ob eine andere Menschenrasse anstatt der Germanen zwischen dem Meer und dem östlichen Germanien lebt. Die gleiche Unklarheit herrscht in Bezug auf andere Völker, die weiter im Norden leben. Ich kenne weder die Bastarner, noch die Sarmaten, oder, kurz gesagt, irgendeines der Völker nördlich des Schwarzen Meeres, und ich weiß nicht, wie weit sie vom Atlantik entfernt sind oder ob ihre Gebiete daran grenzen. (*Geographie* VII, 1)

Zu den Beziehungen der Völker beiderseits der Donau gibt Strabo weiteren Aufschluss:

Zur Zeit vermischen sich diese Völker (Sarmaten und andere Nomaden) sowie die Bastarner mit den Thrakern ... Außerdem mischen sich keltische Völker, Boier, Skordisker und Taurisker mit ihnen.

Diese Vermischung schreibt Strabo den Wanderungen über die Donau von Norden her zu, einer seiner Meinung nach „ständigen" Bewegung. Es ist mehr als unwahrscheinlich, dass Strabo die Situation vollständig wiedergibt oder dazu überhaupt in der Lage war. Doch trotz allem bietet er interessante Informationen. Er zeigt deutlich die Überwindbarkeit der Donau und die damit verbundene Vermischung der Völker. Er beschreibt in klaren Worten eine periodische Wanderung, die durch die Deklaration der unteren Donau als Grenzlinie seitens der Römer zu einem plötzlichen Stillstand gebracht wurde.

An einer der halb verborgenen Wanderungen zur und Siedlungen nahe der unteren Donau war ein Volk namens Bastarner beteiligt. Ihre Ankunft im Donaubecken wird zum ersten Mal im späten 3. Jahrhundert v. Chr. erwähnt, nachdem sie hunderte von Meilen aus dem nördlich gelegenen Weichsel-Tal gekommen waren. Über die ethnische Herkunft der Bastarner waren sich die antiken Schriftsteller nicht im Klaren: sie konnten Kelten, Germanen, Sarmaten, eine Kombination dieser oder eine völlig andere Gruppe sein. Es überrascht nicht, dass moderne Schriftsteller unterschiedlicher Ansicht sind oder sich überhaupt nicht festlegen. Da die Zeugnisse dafür sprechen, dass die Bewegungen weitreichend waren, ist es wahrscheinlich, dass sie eine gemischte Gruppe waren, die sich auf die Wanderschaft begab, um südlich der eurasischen Ebenen eine sicherere Zukunft zu suchen. Als sie kurz vor 200 v. Chr. an der Donau ankamen, wurden die Bastarner von verschiedenen mazedonischen Königen für ihre Feldzüge gegen aufständische Völker auf dem Balkan rekrutiert. Nach 179 v. Chr. treten sie mehr als einmal südlich der Donau auf, wo sie möglicherweise Land zugewiesen bekamen. Mithridates rekrutierte sie für seine Armee, die er nach 80 v. Chr. gegen Rom führte, und 20 Jahre später halfen sie, eine römische Streitmacht in Istrien zu schlagen. Danach traten sie in römische Dienste. Einige Bastarner ließen sich in der Ebene von Ungarn nieder, auch wenn sie vom römischen General P. Vicinius beherrscht wurden: sie blieben während des frühen Römischen Reiches eine wenn auch nicht deutlich erkennbare Gruppierung in Pannonien. Kulturell waren sie den Sarmatengruppen nördlich der Donau ähnlich, obwohl sie ihre eigene Identität zumindest bis zum 3. Jahrhundert n. Chr. erhielten, bis viele von ihnen von Probus in Thrakien und später von Diokletian in Pannonien angesiedelt wurden. Ihre Wanderungen und nachfolgenden Niederlassungen haben daher viel mit denen der Goten gemeinsam, auch wenn sie in viel geringerem Umfang stattfanden und weniger ernste Konsequenzen hatten. Nachdem die Bastarner in der römischen Welt Fuß gefasst hatten, verschwanden sie, zumindest als definierbare Einheit, und zurück blieb nur ihr Name in den *Alpes Bastiarnicae*, den Karpaten.

Kelten im Noricum

Etwa 240 v. Chr. ließ sich eine große Zahl von Kelten in einer Gegend nieder, die später Noricum genannt wurde, dem heutigen Kärnten in Österreich.[3] Die politische Bildung der Gruppe war ungewöhnlich schnell und bereits um 200 v. Chr. stellten sie dort eine stabile und zentralisierte Macht dar. Etwa zur gleichen Zeit begann Rom, seine Interessen im Norden der italienischen Halbinsel auszudehnen und schuf Kolonien bei Bologna (189 v. Chr.), Mutina (183 v. Chr.) und vor allem Aquileia am Ende der Adria (181 v. Chr.). Die Gründung Aquileias vollzog sich offenbar im Zuge von keltischen Einwanderungen in diese Region von jenseits der Alpen und dem Bau einer befestigten Stadt. Die römischen Befehlshaber konnten dies nicht gestatten und so wurden 183 v. Chr. die Eindringlinge entwaffnet und ihre Oppida zerstört. Nach hektischer diplomatischer Aktivität stabilisierten sich die Bezie-

3 H. Birkhan, *Germanen und Kelten bis zum Ausgang der Römerzeit*, 1970; G. Dobesch, *Die Kelten in Österreich …*, 1980; G. Alföldy, *Noricum*, 1974.

Keltisch/gallischer Krieger. Vachères (Südgallien), 1. Jahrhundert v. Chr.

hungen zwischen Rom und diesen Kelten und ihren Kameraden nördlich der Alpen in den späten 170er-Jahren. Die Kelten behielten das Land, dass sie in Venetien in Besitz genommen hatten und das Königreich Noricum erfreute sich im Allgemeinen freundschaftlicher Beziehungen mit dem römischen Staat. So konnte etwa 169 v. Chr. ein Herrscher aus Noricum Rom Hilfe bei den Operationen gegen Makedonien anbieten.

Die Handelsbeziehungen blieben nicht ohne Spannungen. Römische Händler und Prospektoren kamen ab 150 v. Chr. nach Noricum. Man wusste seit langem um den Eisenreichtum der Region, doch in der Mitte des 2. Jahrhunderts wurden ertragreiche Goldvorkommen im Süden von Noricum entdeckt und die Beziehungen zwischen den römi-

Keltischer Bronzehelm aus Negau, Österreich, frühes 1. Jahrhundert v. Chr.

schen Unternehmern und den keltischen Fürsten kühlten merklich ab. Römische Prospektoren unterstützten die Kelten, aber die Mine war so ertragreich, dass der Goldpreis in Italien merklich fiel. Als dies bekannt wurde, warfen die Kelten ihre italischen Mitarbeiter hinaus und errichteten ein Monopol.

Andere kommerzielle Unternehmungen blieben davon unberührt. Römische Händler operierten weiter in Noricum und viele trugen unwissentlich dazu bei, das Wachstum des Königreiches zu fördern. Spätestens 140 v. Chr. hatten die Kelten von Noricum ihre Macht auf Kärnten, Südtirol und möglicherweise bis zum Savetal hin ausgedehnt. Der nächste Vorstoß in das Gebiet östlich der Alpen kam aus einer völlig unerwarteten Gegend.

Die gesammelten Zeugnisse für die Bewegung der Völker in Mitteleuropa zwischen 300 und 100 v. Chr., und vielleicht etwas später, stellen uns vor die Frage, ob es eine Zeit der allgemeinen Wanderung war, von der uns die Quellen nur einzelne Beispiele überliefern, und die durch die Ausdehnung der Macht der Römer in Westeuropa aufgehalten wurde. Dies muss ernsthaft in Betracht gezogen werden, denn die überlieferten Bewegungen stellten die griechischen Staaten auf dem Balkan und Rom an seiner Nordwestgrenze vor ernsthafte Probleme. Der Vormarsch der Kimbern und Teutonen nach Süden im späten 2. Jahrhundert v. Chr. gewann im Bewusstsein der Römer mythologische Bedeutung. Die Zerstörung verbreitete Schrecken, doch die Auswirkungen waren weitreichender. Die bloße Tatsache, dass eine Horde Barbaren aus dem Norden tief in eine Welt vorstoßen konnte, die seit langem keine solche Invasion mehr gesehen hatte, und dort jahrelang große Gebiete plünderte, war ein ungeheurer Schock.

Genauso groß war der Schock, dass diese Eindringlinge problemlos römische Armeen besiegen konnten. Das plötzliche Auftauchen von Invasoren aus einer bislang fast unbekannten Gegend, ohne Gemeinsamkeiten mit der mediterranen Welt, vermehrte den Schrecken dieser Erscheinung nur. Es war der erste überlieferte Kontakt zwischen den Völkern Nord- und Südeuropas und dieser Schlag blieb lange im Gedächtnis haften.[4]

Die Kimbern und ihre Verbündeten traten zum ersten Mal an den Grenzen des Römischen Reiches um 120 v. Chr. auf, als sie sich im Gebiet der Boier nördlich der Donau in der Region, die heute das östliche Österreich und das westliche Ungarn umfasst, niederzulassen versuchten. Dies misslang ebenso wie ihre Angriffe auf die nördlichen Balkangebiete. Danach zogen sie westwärts entlang des Donautales ins westliche Österreich, dem Gebiet der Noricer und Taurisker. Dies führte zu einer direkten Konfrontation mit Rom, denn die Noricer unterhielten, gefestigt von Handelsverbindungen, gute Beziehungen zu Rom. Konsul Papirius Carbo erkannte die drohende Gefahr eines Angriffes auf Italien über die Alpenpässe, doch aus unbekannten Gründen stießen die Kimbern nicht nach Süden vor. Carbo ging ihnen daher entgegen, wobei er unbeholfen versuchte, seinen Angriff als diplomatische Mission zu tarnen. Es war ein totaler Fehlschlag und Carbos Armee wurde geschlagen und aufgerieben. Später hieß es, die Schlacht habe bei Noreia stattgefunden, möglicherweise in der Nähe des Magdalensberges in Kärnten, einer großen Hügelstadt mit guten Verbindungen nach Italien.

Die Kimbern wandten sich nunmehr nach Westen, wahrscheinlich entlang der Drau um die Nordalpen herum. Es war kein wohl geordneter Marsch, denn dieses Gebiet ist unwegsam mit wenigen Straßen. Die Eindringlinge mussten sich stark auf die Informationen der Einheimi-

4 Die Bewegungen der Invasoren können nicht nachvollzogen werden. Zum Hintergrund siehe: B. Melin, *Die Urheimat der Kimbern*, 1963.

Die keltische Diaspora

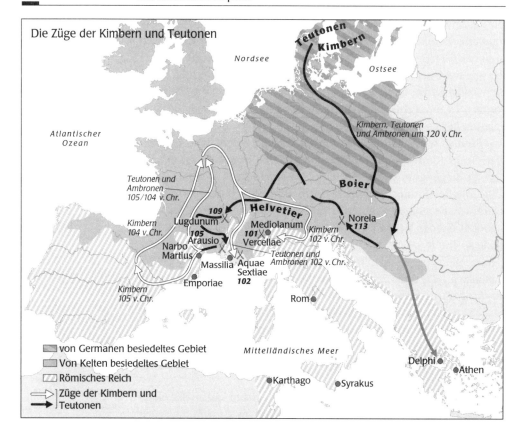

Züge der Kimbern und Teutonen

schen verlassen und diese wollten die Kimbern vermutlich davon überzeugen, so schnell wie möglich weiterzuziehen. Sie werden weiter erwähnt, als sie das Land der Helvetier im Südwesten Germaniens und des angrenzenden Galliens erreichten, doch für die nun folgenden Jahre ist wenig überliefert. Die Wanderung der Kimbern und anderer Eindringlinge, einschließlich der geheimnisvollen Teutonen, war keineswegs vorüber. Es gab weitere Bewegungen im Norden des Balkans, als die Skordisker das untere Savetal bedrohten und die Taurisker versuchten, aus ihrer Enklave an der Drau auszubrechen. Die Skordisker schlugen 114 eine römische Armee und stießen südlich bis nach Delphi in Griechenland vor. In der Zwischenzeit hatten die Kimbern und ihre Verbündeten immer noch kein Land gefunden, in dem sie siedeln konnten.

Die Nordländer lebten meist im Rhonetal, außerhalb der neuen römischen Provinz Gallia Narbonensis und seiner neuen Koloniegründung *Narbo Martius* (Narbonne). Der römische Senat wollte den Kimbern nur ungern Land an den Grenzen seines Territoriums überlassen und schickte 109 v. Chr. eine Armee aus, um diesen Punkt zu verteidigen. Diese Streitmacht wurde geschlagen, doch die Kimbern nutzten ihren

Vorteil nicht und zogen nordwärts. Die Schlacht hatte jedoch weitreichende Folgen für die Römer. Angesichts der offensichtlichen Besiegbarkeit der römischen Truppen brach der gallische Stamm der Volsker Tektosagen in Aquitanien seinen Vertrag mit Rom und nahm *Tolosa* (Toulouse) ein. Ein 107 v. Chr. gegen sie gesandtes römisches Expeditionskorps wurde schwer geschlagen und viele Truppen gerieten in Gefangenschaft. Doch es kam noch schlimmer. 106 v. Chr. eroberte die Armee eines Konsuls Tolosa zurück und plünderte den großen Tempelschatz, bevor sie sich erneut gegen die Kimbern wandte. Differenzen zwischen den beiden römischen Hauptbefehlshabern brachten sie in eine schlechte taktische Ausgangsposition für eine Begegnung mit dem Feind. Der gewählte Ort lag im Rhonetal, in der Nähe des Flusses bei *Arausio* (Orange). Als die Kimbern angriffen, drängten sie die Römer mit dem Rücken zur Rhone und metzelten willkürlich tausende von ihnen nieder. Man sprach von 80 000 getöteten Soldaten und 40 000 toten Angehörigen des Trosses. Auch wenn diese Zahlen zu hoch liegen, war dies die größte Niederlage der Römer seit Hannibals Triumph bei Cannae vor über hundert Jahren. Im Gegenzug planten die Kimbern eine Invasion in Italien, wobei sie das östliche Alpenland durch Noricum angreifen wollten und ihre Verbündeten durch die Pässe im Westen vorstoßen sollten. Und ihre Erfolgsaussichten waren glänzend.

Die Antwort der Römer war radikal, sie konnte gar nicht anders sein. Die Kimbern taten vier Jahre lang nichts und gaben dem führenden römischen Befehlshaber C. Marius die Gelegenheit, Informationen zu sammeln und die römischen Streitkräfte für eine beweglichere Art der Kriegsführung zu ordnen, die die Legionen bisher nicht kannten. Auch wenn er den bevorstehenden Kampf mit größerer Sorgfalt vorbereitete als seine Vorgänger, ging Marius dennoch vorsichtig vor. 102 v. Chr. bewegten sich die Kimbern und ihre Verbündeten die Rhone hinab und wandten sich ostwärts nach *Aquae Sextiae* (Aix), gefolgt von Marius. Nach einigem Geplänkel wurde die römische Hauptmacht auf einer starken Hügelposition ungeduldig angegriffen. Der Ausgang war schnell klar. Mit schweren Verlusten wurden die Invasoren vernichtend geschlagen. Die Kimbern, die nach Italien durchkamen, wurden 101 v. Chr. bei Campus Raudi nahe Vercellae geschlagen. Die Gruppen aus dem Norden wurden zerstreut. Einige von ihnen flohen in die relative Sicherheit nördlich der Alpen, die meisten in unbekannte Gegenden. Eine mehr als 20 Jahre dauernde Wanderung war zum Stillstand gekommen.

Kelten auf dem Balkan und in Kleinasien

Zur gleichen Zeit, als die Kelten in Norditalien und die umgrenzenden Gebiete einfielen, kamen andere Gruppen aus Mitteleuropa über die mittlere Donau in die Karpaten und die große Ebene östlich davon. Antike Quellen berichten nur wenig über diese Bewegungen, bis die Kriegshorden begannen, im nördlichen Balkan einzufallen, wo die griechischen Schreiber auf sie aufmerksam wurden. Sie berichten von Kelten, die bereits 335 v. Chr. zwischen Donau und den Bergen auf dem Balkan operierten. Diese Gruppen könnten ihre Wanderung nach Osten begonnen haben, als die Kelten sich südlich nach Italien bewegten. Archäologische Funde liefern Beweise hierfür. Aus der ersten Hälfte des 4. Jahrhunderts v. Chr. findet sich in Mähren, der Slowakei und Westungarn Material, das den Kelten in Böhmen und den westlichen Alpen zugeordnet werden kann. Nach ca. 350 v. Chr. findet sich eine verwandte Kultur im Tiefland von Ungarn. Diese Zeugnisse deuten eher auf einen allmählichen Kulturwandel als auf einen plötzlichen Einfall von Einwanderern hin. Doch einige abenteuerlustige Gruppen können im 4. Jahrhundert auch wesentlich weiter bis nach Rumänien und in die Ukraine vorgestoßen sein. Neuere Forschungen in diesen Gebieten weisen auf eine Kultur hin, die der der La-Tène-Kelten aus Westeuropa sehr ähnlich ist.[5]

Die Anwesenheit von Kelten im Balkan wird von den griechischen Quellen bestätigt. Alexander der Große erhielt 335 v. Chr. und nochmals 12 Jahre später Besuch von keltischen Abgesandten. Dieser friedliche Beginn der Beziehungen hielt nicht lange an. 298 v. Chr., als die Macht der Makedonen zu schwinden begann, fiel eine keltische Armee in Makedonien und Thrakien ein, wurde jedoch zurückgeschlagen. 280 v. Chr. begannen wesentlich ernstere Operationen, als ein gewisser Bolgius ein Bündnis zwischen Kelten und Thrakern schuf und eine makedonische Armee besiegte. Im folgenden Jahr zogen mehrere keltische Kriegerbanden unter verschiedenen Führern, von denen Brennus eine wichtige Rolle spielte, durch den Balkan und ostwärts nach Kleinasien. Eine Gruppe wurde von einer makedonischen Streitmacht bedrängt, konnte aber dennoch ins Innere Griechenlands vorrücken. Auf dem historischen Thermopylenpass mussten die Kelten erneut schwere Verluste erleiden, konnten jedoch den Übergang erzwingen und griffen später das antike Heiligtum des Apollo von Delphi an. Der griechischen Sage nach schützte der Gott sein Heiligtum, indem er Felsen von den steilen Hängen auf die Eindringlinge stürzte. Doch Delphi wurde seiner Schätze beraubt. Einiges davon wurde später dem Heiligtum der Volsker bei Tolosa geweiht. Was auch immer geschehen sein mag, auf jeden Fall zogen sich die Kelten zurück oder wurden gezwungen, sich zurückzuziehen und mussten sich durch Thessalien zum Donautal durchschlagen. Vielleicht blieben einige von ihnen auf dem Balkan und traten in militärische Dienste bei Makedonen oder Thrakern. Andere folgten früheren Abenteurern nach Kleinasien und suchten Arbeit in den Armeen der hellenistischen Könige wie Nicomedes von Bithynien. Einige traten sogar in Ägypten in

5 P. Ankert, *Kleinasien und die Kelten*, 1996.

Söldnerdienste, auch wenn nicht sicher ist, ob dies im 3. Jahrhundert geschah.

Die Aktivitäten der Kelten in Kleinasien beschränkte sich jedoch nicht nur auf Überfälle und Söldnerdienste. Die Quellen nennen drei keltische Gruppen, die den Hellespont überquerten: die Trokmer, die Tektosagen und die Tolistobogier. Ihre Zahl wird mit 20 000 angegeben, eine glaubhaftere Zahl als die, die oftmals mit Invasoren in Verbindung gebracht wurde. Angeblich waren die Hälfte von ihnen keine Krieger, was eine Einwanderung von Familienverbänden in ein neues Gebiet vermuten lässt. Nach einigen anfänglichen schweren Rückschlägen ließen sich die meisten Kelten nach 270 v. Chr. im wenig erfolgversprechenden Hochland Anatoliens nieder, wo sie den Nachbarstädten, die ein leichtes Ziel für ihre Überfälle waren, ein Dorn im Auge waren. Mittlerweile waren die keltischen Siedler als Galater (Galatier) bekannt, ein Name, der ihnen Jahrhunderte lang anhängen sollte. Sie blieben ausgesprochen unangenehme Nachbarn, und sie als Söldner zu beschäftigen, war der sicherste Weg, der Bedrohung entgegenzuwirken, auch wenn sie sich oft als unzuverlässig erwiesen. Ein anderer Weg, mit ihnen fertig zu werden, war, sie zu kaufen, eine riskante Strategie, die gelegentlich Wirkung zeigte. Es war jedoch effektiver, die Kelten in der Schlacht zu besiegen, wie es Attalus I. von Pergamon bei den Quellen von Kaikos um oder nach 233 v. Chr. gelang. Dieser Sieg wurde in einem großen Monument in Pergamon festgehalten, von dem später viele Kopien gemacht wurden, darunter der Sterbende Gallier. In den komplizierten Kriegen der hellenistischen Herrscher in Kleinasien spielten keltische Krieger weiterhin eine Rolle. Das Bild änderte sich 191 v. Chr., als die Römer als Verbündete des Königreiches Pergamon gegen den Seleukidenkönig und seine keltischen Alliierten auftraten.

Die Armee von Rom und Pergamon schlug die Seleukiden und Kelten 190 v. Chr. bei Magnesia und drang daraufhin in das keltische Gebiet in Anatolien ein. Der römische Befehlshaber Manlius Vulso rieb die keltischen Streitkräfte auf und versklavte tausende der Überlebenden. Auch wenn die Überfälle der Kelten damit nicht aufhörten, waren ihre Angriffe immer weniger erfolgreich und hörten gegen 165 v. Chr. nahezu vollständig auf. In Pergamon wurde dieser Sieg durch die Weihung eines großen Skulpturenfrieses am Zeusaltar der Stadt gefeiert und in Athen wurde ein Denkmal geweiht, auf dem Pergamon wie Athen als Verteidiger der zivilisierten Welt genannt wurde.

Diese Ereignisse bedeuteten jedoch nicht das Ende der kulturellen und sozialen Präsenz der Kelten in Kleinasien. Neue Kelten drangen im 3. Jahrhundert v. Chr. in Kleinasien ein und verstärkten möglicherweise die keltische Kultur in dieser Region. Die Galater behielten noch lange Zeit ihre Identität. Im 1. Jahrhundert n. Chr. konnte der heilige Paulus sie in mahnenden Briefen ansprechen und drei Jahrhunderte später erkannte der heilige Hieronymus, dass die Sprache der Galater der der Treverer im nördlichen Gallien ähnelte. Man kann sich nur schwer vorstellen, dass die Kelten in Anatolien bis zum 3. Jahrhundert eine ethnisch keltische Volksgruppe blieben. Zumindest einige Angehörige der einheimischen phrygischen Einwohner, besonders ihre Elite, werden Kontakt zu den Kelten gehabt haben und so zu einer gemischten Bevölkerung in den oberen Schichten beigetragen haben. Die Gesellschaftsstruktur der Galater blieb jedoch der keltischen Tradition am stärksten verhaftet. Jeder der drei Hauptstämme bestand Strabo zufolge aus vier Teilen, Tetrarchien, die jeweils von einem Tetrarchen regiert wurden, dem ein Richter, ein Kriegsführer und zwei stellvertretende Befehlshaber unterstellt waren. Der Rat der drei Stämme versammelte sich an einem zentralen Ort, dessen Name, Drunemetum, offensichtlich das Element *nemeton* enthält, die keltische Bezeichnung für ein wichtiges Heiligtum, die ein religiöses Zentrum und somit politische Autorität bedeutet.

Die andauernde Bedrohung, die die Kelten in Anatolien darstellten, wird durch den heimtückischen Anschlag von Mithridates IV. von Pontus 88 v. Chr. auf ihre Tetrarchen unterstrichen. Alle außer einem der 60 Tetrarchen, die seiner Einladung zu einem Treffen in Pergamon folgten, wurden ermordet, die meisten anderen wurden später getötet. Es war wenig überraschend, dass sich die keltischen Anführer daraufhin lieber auf die Seite der Römer schlugen, auch wenn ihnen das keinen dauerhaften Vorteil verschaffte. Der Anspruch der anatolischen Kelten auf ihr Gebiet im Hochland und ihre Kultur blieb zum großen Teil unbeeinträchtigt. Ihre gesellschaftlichen Strukturen blieben intakt und ihre Machtzentren wurden weiter genutzt. Es waren eher Festungen als Stadtzentren mit erkennbarem mediterranem Anschein und sie blieben mindestens bis ins 1. Jahrhundert n. Chr. bestehen. Als Rom Zentralanatolien 25 v. Chr. eroberte, sah man drei der früheren Festungen als die Hauptstädte der drei Keltenstämme, Ancyra (Ankara), Tavion und Pessinus an. Die beiden letzteren konnte man bisher nicht eindeutig identifizieren, doch weitere befestigte Orte, die die Kelten in diesem Gebiet hielten, sind bekannt. Blucium könnte bei Karalar gelegen haben, etwa 35 km nördlich von Ankara, wo eine Festung und ein Grab des Königs Deiotarus bekannt sind. Ebenfalls dieser Zeit zugerechnet wird eine auffällige Stätte bei Tabanlioglu Kale am Fluss Girmir Bay, mit Verteidigungsmauern und Türmen in hellenistischer Bauart. Es könnte sich dabei um die königliche Residenz Peium handeln. Andere Hügelfestungen im anatolischen Hochland könnten keltische Verteidigungsposten gewesen sein, doch die meisten wurden später unter römischer Herrschaft zu Siedlungen und ihre frühere Geschichte ist bisher unbekannt.

Es gibt nicht viele archäologische Beweise für die Existenz der Kelten in Kleinasien. Die vorhandenen Funde belegen die Einfuhr von Gegenständen aus der unteren Donauregion, aber auch aus Mitteleuropa. Die meisten Objekte, Ornamente aus Metall, treten nahe der ägäischen Küste und im zentralen Hochland auf. Im Südosten, in Kappadokien, gibt es jedoch eine starke Konzentration von Funden, die vermuten lässt, dass es dort eine keltische Siedlung gab, die von den überlieferten Quellen nicht genannt wird. Es ist nicht bekannt, ob nach 200 v. Chr. noch keltische Einwanderer nach Kleinasien kamen, es ist jedoch nicht ausgeschlossen. Bisher wurden zu wenig Fundorte untersucht, um die Möglichkeit eines andauernden Zustromes von Kelten aus dem unteren Donaugebiet und dem nördlichen Balkan auszuschließen. Sicher ist nur, dass es bis weit in die Zeit der römischen Besetzung Kelten in Anatolien gab.

Das prachtvolle Grab bei Ciumesti in Rumänien ist eines der eindeutigsten Zeugnisse für die Präsenz von Kelten in den Karpaten.[6] Auf dem Friedhof, mit einer gemischten Belegung aus Feuer- und Erdbestattungen, fand sich ein besonders interessantes Grab. Sein Inhaber besaß ein Kettenhemd, bronzene Schienbeinschützer, mindestens eine eiserne Lanzenspitze und einen erstaunlichen Eisenhelm, gekrönt von einem Bronzevogel mit ausgestreckten Flügeln und glühenden roten Glasaugen. Es ist das reichste bekannte Keltengrab im mittleren Donau- und Karpatengebiet. Andere La-Tène-Gräber und weitere Funde hauptsächlich aus der Zeit zwischen 320 und 250 v. Chr., häufen sich zwischen dem Oberlauf der Flüsse Olt und Somme. Das Grab von Ciumesti datiert aus dem Ende dieser Periode. Der Krieger darin war das Bindeglied zwischen der Welt der östlichen Kelten und der der hellenistischen Staaten und ihrer Söldnertruppen.

6 M. Rusu, *Das keltische Fürstengrab von Ciumesti in Rumänien*, Bericht der Römisch-Germanischen Kommission 50, 1969, 267–300.

Nach dem Eindringen der Kimbern und ihrer endgültigen Niederlage gab es von den Ostalpen hin zum mittleren Donautal weitere Bewegungen. Im Mittelpunkt dieser Ereignisse standen die Boier, ein mächtiges Volk, das schon vor 300 v. Chr. in Böhmen und Mähren siedelte und ab 150 v. Chr. nach Slowakien vorrückte. In den folgenden Jahren überqueren die Boier die Donau ins nördliche Pannonien und unterwarfen die Kelten, die dort bereits wohnten. Sie zogen weiter ostwärts bis zur Theiß und stellten sich dort den Dakern. Dazu richteten sie einen Stützpunkt ein, der 100 Jahre existierte. Um 60 v. Chr. zwang sie der Dakerkönig Burebista aus der Donau-Theiß-Ebene hinaus – eine Begegnung mit Folgen für die Keltengemeinschaften im Westen. Die Boier zogen nach Westen, fielen in Noricum ein und dann in das Gebiet der Helvetier in den Westalpen, wo sie als Verbündete aufgenommen wurden. Die Kelten von Noricum suchten daraufhin Unterstützung auf höchster Ebene. König Voccio vermählte seine Schwester mit dem suebischen Kriegsherrn Ariovist, ein Zug, der von Rom offenbar akzeptiert wurde, denn Ariovist wurde nun vom römischen Staat als verbündeter König angesehen, wohingegen Boier und Helvetier als eventuell gefährliche Gegner betrachtet wurden. Julius Caesar konnte aus dieser Situation beträchtliches politisches Kapital schlagen, indem er erst den Versuch einer Invasion der Helvetier aufhielt und 58 v. Chr. eine gemischte Invasionsstreitmacht unter der Führung von Ariovist, die ins östliche Gallien vordrang, vertrieb.[7] Ariovist hatte ein Drittel des Landes der Sequaner besetzt und wollte ein weiteres Drittel. Er erklärte, dass er das Land brauche, denn es hätten sich ihm 24 000 Haruder angeschlossen, die er irgendwo ansiedeln musste. Dies fand bei den Römern keinen Anklang, auch wenn es einen ausgezeichneten Vorwand für Caesar lieferte, diese Expansionspolitik zu bekämpfen. Ariovist und seine Möchtegern-Siedler wurden bis hinter den Oberrhein zurückgedrängt. Dadurch blieb das Königreich Noricum die größte Macht nördlich der Alpen. Der Noricerkönig Voccio pflegte weiterhin seine Beziehungen zu Rom. 49 v. Chr. schickte er eine Reitereinheit, um Caesar bei seinem Kampf gegen Pompeius zu unterstützen und Caesar sandte im Gegenzug wahrscheinlich Fachleute nach Noricum, um die Festung auf dem Magdalensberg wieder aufzubauen.

Das Königreich Noricum dehnte nun seinen Einfluss oder seine direkte Kontrolle nach Osten auf die ungarische Ebene und nach Westen zum Wiener Becken und in die Wachau an der Donau aus. Im Süden reichte die Grenze Noricums zu den Dolomiten, den karnischen Alpen und dem Savetal. Doch seine Unabhängigkeit sollte nicht mehr lange währen, denn die Bodenschätze Noricums waren für Rom attraktiv und noch wichtiger war seine strategische Bedeutung zwischen der Donau und dem norditalienischen Tiefland. Von 16 v. Chr. an konzentrierte sich Rom auf die Eroberung der Alpen- und mittleren Donauländereien. Wann Noricum genau besetzt wurde, ist nicht sicher, allgemein wird ein Datum um 15 v. Chr. angenommen, andere glauben, dass es 14 v. Chr., 8 v. Chr. oder noch später geschah. 15 v. Chr. oder kurz danach ist am wahrscheinlichsten. Auf jeden Fall ging Noricum zur Mitte der Herrschaftszeit von Kaiser Augustus im römischen Imperium auf und blieb für die nächsten vierhundert Jahre ein Bollwerk an der Donaugrenze.

Die Invasion der Kimbern und Teutonen hinterließ im Gedächtnis der Römer einen unauslöschlichen Eindruck. Die ständige Expansion Roms nach Westeuropa schien gefährdet. Tatsächlich konnten die losen Verbände der Eindringlinge ihre Überlegenheit nicht aufrecht erhalten, als die römischen Streitkräfte geordnet und taktisch geführt wurden. Wahrscheinlich hatten die Bewohner des Nordens keine klar definierten Ziele und so könnte es zu Differenzen zwischen den Kriegsscharen, die nach immer mehr Land suchten und denen, die lieber ein festes Siedlungsgebiet auf bereits erobertem Territorium zu errichten suchten, gekommen sein. Letztendlich wurden die Eindringlinge zurückgetrieben und zerstreut. Fast vier Jahrhunderte lang sollte sich eine Invasion dieses Ausmaßes nicht wiederholen.

[7] de Bello Gallico I, 30–54.

Zu einem späteren Zeitpunkt erregten weitere Bewegungen die Aufmerksamkeit der Römer und sind daher gut dokumentiert. Unter dem Namen Sueben rotteten sich mehrere Völker, die Baden-Württemberg und das westliche Bayern besetzten, zusammen und begannen, südwärts auf die Alpen zu zu marschieren. Dabei begegneten sie den Helvetiern, deren Territorium zuvor von den Kimbern überfallen worden war, und die noch immer keine Heimat gefunden hatten. Die Sueben marschierten auch weiter westwärts zum Oberrhein, wo sie die fruchtbaren Länder Ostgalliens erreichten. Ein größerer Stamm in dieser Gegend, die Sequaner, kämpfte seit langem mit den mächtigen Aeduern westlich von ihnen und sah in den Sueben unter ihrem Führer Ariovist einen willkommenen Verbündeten. Man lud Ariovist und seine Streitkräfte nach Gallien ein, wo sie den Aeduern eine größere Niederlage bereiteten, dann jedoch die Gelegenheit ergriffen, sich westlich des Rheins, wahrscheinlich im Elsass und in Savoyen, niederzulassen. Dies war weder für die Sequaner noch für die Aeduer von Vorteil, doch ein Gesuch um Hilfe in Rom blieb unerhört. Im Gegenteil, Ariovist wurde als Verbündeter des römischen Staates anerkannt und es gab keinen Anlass für die Intervention Roms zu diesem Zeitpunkt. Eine Zeit lang ruhte die Angelegenheit.

Der nächste Zug ging von den Helvetiern aus.[8] Im Frühling des Jahres 58 v. Chr. brannten sie, als Vorbereitung eines Einmarsches in Gallien, auf der Suche nach Land jenseits der mächtigen Stämme nördlich der römischen Provinz Narbonensis, ihre Siedlungen nieder. Dafür wählten sie einen Weg durch die Provinz, die sie bei Genf betraten. Das rief natürlich Caesar auf den Plan, der zu dieser Zeit sein Kommando in Gallien antrat. Er spielte erst auf Zeit und verbot den Helvetiern dann, Gallia Narbonensis zu betreten. Daraufhin versuchten die Stämme, durch das Land der Sequaner und Aeduer nördlich der römischen Grenze zu marschieren. Unter dem Vorwand, dass die Helvetier eine ständige Bedrohung für die römische Provinz darstellen würden, entschloss sich Caesar, auch diesen Zug zu verhindern. Er überließ das Kommando seinem Legaten Titus Labienus, hob in Italien zwei neue Legionen aus und forderte drei Legionen aus Aquileia an. Mit dieser großen Streitmacht marschierte er nach Gallien, den Eindringlingen entgegen. Die folgenden Operationen wurden, wie Caesar selbst berichtet, vorsichtig durchgeführt, was teilweise auch geschah, um das Bündnis der Römer mit den Aeduern nicht zu gefährden. Unter den Aeduern gab es verschiedene Haltungen: einer ihrer Anführer, Divicacus, stellte sich auf die Seite Roms, und sein Bruder, Dumnorix, war für die Helvetier, mit denen er durch seine Heirat verbunden war. Caesar musste auf Dumnorix achten, der unter den Aeduern viele Anhänger hatte, stand jedoch gleichzeitig unter dem Druck, seine eigene Armee zu versorgen. Einige Tage lang verfolgte er die Hauptmacht der Helve-

8 de Bello Gallico I, 1–29.

tier und suchte sich dann eine Stellung, in der er einem Angriff begegnen konnte. Die Schlacht war ein klassisches Beispiel für das Aufeinandertreffen eines disziplinierten und gut ausgerüsteten römischen Heeres und wilden Gallierhorden. Auch wenn der Kampf lange dauerte, war das Resultat der unausweichliche Sieg für Caesars Heer. Die Verbände der 130 000 überlebenden Helvetier lösten sich auf und zogen sich ins mittlere Gallien zurück. Die meisten von ihnen ergaben sich daraufhin und wurden in ihre ursprüngliche Heimat in den Westalpen zurückgeschickt.

Caesar überliefert die Zahl derer, die diese Wanderung begannen, für die Helvetier mit 263 000, die Tulinger mit 36 000, die Boier mit 32 000, die Rauricer mit 23 000 und die Latovicer mit 14 000. Von diesen kehrten insgesamt 110 000 in ihre Heimat zurück. Diese Zahlen sind nicht unmöglich hoch und man muss sie als die einzigen betrachten, die man für eine Wanderung in dieser Zeit hat, zumal Frauen, Kinder und andere Nicht-Krieger dazuzählen.

Vom Kontinent nach Britannien?

Seit dem 19. Jahrhundert waren die Beziehungen der Kelten Westeuropas und der Britanniens heiß umstritten.[9] Dieser Debatte lag ein Rätsel zugrunde: Wie und wann kamen die keltische Sprache und Kultur auf die Inseln? Über die Keltisierung Südbritanniens gibt es keinen Zweifel, aber wann und wie fand sie statt? Seit dem späten 19. Jahrhundert geht man stark von einer Einwanderung aus Gallien und den Niederlanden aus, gestützt auf Caesars Bericht Mitte des 1. Jahrhunderts v. Chr. und der Entdeckung von Gräberfeldern bei Aylesford und Swarling in Südostengland, die auf Kontakte mit Nordgallien schließen lassen. Die nächsten 60 bis 70 Jahre sollte diese Meinung für das Thema ausschlaggebend sein. Ab 1930 war das Werk von Christopher Hawkes und Rex Hull über die belgische Verbindung zwischen Gallien und Britannien vorherrschend, auch wenn ihre These stark durch frühere Forschungen zum Kulturtransfer beeinflusst wurde. Sie basierte auf einem Modell der Völkerwanderung, das bereits veraltet war, denn ein großer Teil der Wanderung konnte weder durch archäologische Funde noch durch Caesars kurzen Bericht belegt werden. Sicherlich gab es seit dem späten 2. Jahrhundert v. Chr. Beziehungen zwischen den belgischen Galliern und Britannien, doch das muss nicht unbedingt die Umsiedlung größerer Bevölkerungsteile beinhaltet haben. Gallo-belgische Münzen tauchten in Südostbritannien bereits vor 100 v. Chr. auf und wurden auf der Insel später nachgemacht. Diese Prägungen waren eher ein Zeugnis von großem Reichtum und politischem Ansehen als bloßes Zahlungsmittel. Sie zeugen von Kontakten zwischen Nordgallien und Südbritannien auf höchster Ebene und diese Kontakte verstärkten sich im frühen bis mittleren 1. Jahrhundert v. Chr. noch. Vor Caesars Inter-

9 Die Frage nach einer Wanderung der Belgier nach Britannien ist schwer zu beantworten. Die Arbeit von C. F. C. Hawkes und G. C. Dunning, *Archaeological Journal* 87, 1930, 151–541, definierte das Problem, nahm aber eine Wanderung aus Nordgallien nach Südostbritannien an. Dies wurde von D. W. Harding, *The Iron Age in Lowland Britain*, 1974, anders dargestellt. Kritischere Arbeiten sind B. Cunliffe, *The Ancient Celts*, 1997, und ders., *Facing the Ocean*, 2001.

vention in Nordgallien um ca. 80 v. Chr. herrschte Diviciacus, der Anführer der Suessionen im Aisnetal, in Nordgallien, und auch zumindest in einem Teil Südbritanniens, wahrscheinlich durch ein Abhängigkeitssystem. Dieses Netzwerk von Verbündeten scheint sich bis zu Caesars Besetzung von Gallien erhalten zu haben und erklärt die Unterstützung, die britische Fürsten den Galliern bei ihrem Widerstand gegen den römischen Vormarsch boten, was wiederum Caesar einen willkommenen Vorwand zum Einmarsch in Britannien im Jahr 55 v. Chr. bot. Keine dieser Tatsachen deutet auf eine Wanderung von Gallien nach Britannien hin. Sie lassen höchstens die Beteiligung einer mächtigen Elite beiderseits des Kanals vermuten, die durch Heiraten und andere Bündnisse miteinander verbunden waren.

Über die Anwesenheit der Belgier im Süden von Britannien ist in den letzten 70 Jahren viel Tinte verbraucht worden. Viele Wege wurden beschritten, die meisten von ihnen führten in eine Sackgasse. Caesars kurzer Bericht stützt die darauf aufbauenden Konstruktionen nicht, denn seine Aussage ist in Bezug auf Datum und Ort ungenau. Alles was er sagt, ist, dass in früheren Zeiten die Belgier Britannien überfallen und sich später einige von ihnen auf der Insel niedergelassen hätten. Die wahrscheinlichste der vielen Interpretationsmöglichkeiten ist die, dass sich die Aussage auf einen Versuch der belgischen Fürsten bezieht, die Herrschaft über ein Gebiet in Südbritannien zu behalten oder zu erlangen. Es ist unmöglich, aus den kurzen Sätzen einen Hinweis auf eine Invasion der Belgier zu erhalten. Caesars Worte über die Besetzung des „maritimen Teiles" Britanniens sind überaus unklar. Auch dass die Einwanderer aus Belgien *(ex Belgio)* kamen ist nicht deutlicher. Der Versuch, die Anwesenheit der Belgier in Britannien aufgrund der archäologischen Funde nachzuweisen, konzentrierte sich auf das Material, das man im Südosten fand, vornehmlich in Kent und Essex, doch kritischer Betrachtung halten die Beweise nicht stand. Es ist unbestritten, dass es Handelsbeziehungen zwischen den Stämmen im südöstlichen Britannien und Nordgallien gab, doch jede direkte Verbindung mit einer Invasion der Belgier ginge über die Beweise hinaus. Einen deutlicheren Hinweis auf die Existenz von Belgiern in Britannien, und zwar in Hampshire und Somerset, mit Zentren in Bath und Winchester (Venta Belgarum), wobei Letzteres unter römischer Herrschaft ihr Verwaltungssitz werden sollte, gibt uns Ptolemäus.

Vor der Völkerwanderung: Rom als Auslöser

Die meisten Wanderer wussten einiges über die Länder und Kulturen, in die sie einzudringen versuchten, viele sogar eine ganze Menge. Dieses Wissen basierte häufig auf einer seit langem bestehenden Beziehung, die sich auf politische, kommerzielle oder kulturelle Kontakte stützte oder davon abhing. Neuere Studien in Mitteldeutschland und Polen konnten die Art und den Umfang der Beziehungen zwischen den Stammesgemeinschaften in Germanien und den römischen Provinzen aufklären. Diese sind ebenso breit gefächert wie tief gehend und helfen, die sozialen und kulturellen Veränderungen zu verstehen, die den größeren Wanderungen in der spätrömischen Zeit oft vorangingen.

Die Verbindung zwischen germanischen Anführern und ihrem Gefolge und Rom begann mit dem ersten Kontakt. Als die Streitmacht des Augustus 16 v. Chr. den Versuch unternahm, Gebiete jenseits von Rhein und Donau zu erobern, wurden führende germanische Krieger in römischen Dienst genommen, manchmal sogar mit einem hohen Rang. Dies war für beide Seiten von Vorteil, denn Rom hatte somit neues militärisches Potenzial, während die germanischen Fürsten den unschätzbaren Vorteil der Anerkennung durch Rom und somit eine Stärkung ihrer Position in der Heimat erhielten. An der Spitze des Kaders von Germanen in römischen Diensten standen Arminius und Maroboduus, von denen ersterer und möglicherweise auch letzterer in den römischen Hilfstruppen dienten. Sie kehrten später in ihre Heimat zurück, Arminius zu den Cheruskern und Maroboduus nach Böhmen.[1] Nicht lange darauf konnten beide der römischen Invasion in Germanien effektiv Widerstand leisten, Arminius am deutlichsten, als er 9 n. Chr. drei Legionen vernichtend schlug. Die Laufbahnen dieser beiden Männer sind am besten dokumentiert, doch kann man davon ausgehen, dass noch viele weitere, Krieger niedrigeren Ranges, von denen man nichts weiß, in den Bann Roms gezogen wurden. Die negative Erfahrung mit Arminius und Maroboduus hielt die römischen Befehlshaber nicht davon ab, mit hochrangigen Barbarenführern jenseits der Grenze Kontakte auf höchster Ebene zu knüpfen. Diese Strategie wurde in der Mitte des 1. Jahrhunderts n. Chr. an der mittleren Donau massiv und mit ziemlichem Erfolg eingesetzt.

1 M. Todd, *The Early Germans*, 1992.

Keltischer Krieger in römischem Dienst. Grabstein des Vonatorix bei Bonn, 1. Jahrhundert n. Chr.

Es ist heute auch klar, dass es in der Anfangszeit prägende Kontakte gegeben haben muss, die sich in den folgenden Jahrhunderten vertieften. Handels- und Tauschbeziehungen sind durch römische Waren, die jenseits der Grenzen gefunden wurden, längst belegt, besonders durch Bronze- und Silbergefäße, Glas, Keramik, Münzen und persönlichen Schmuck.[2] Hinter dem Export wertvoller Silbergefäße im 1. Jahrhundert n. Chr., von denen einige aus dem Schatz von Hildesheim stammen, der zwischen 70 und 80 n. Chr. vergraben wurde und Stücke enthält, die zu dieser Zeit bereits 100 Jahre alt waren, standen zweifellos Kontakte auf höchster Ebene. Gefäße dieser Qualität waren wohl eher diplomatische Geschenke an germanische Fürsten, die Bündnisse und Treueversprechen untermauern sollten, als einfache Handelswaren. Solche hochwertigen Stücke fanden sich meist in Gebieten weit außerhalb der römischen Grenzen, zum Beispiel in Böhmen und auf den westlichen baltischen Inseln. Die Region nahe der Grenze erhielt eine größere Anzahl kleiner, massenproduzierter Objekte wie Fibeln, anderen Schmuck und Keramik, wahrscheinlich bezeichnend für den lokalen Tauschhandel. Die archäologischen Funde zeugen nun von weitergehenden kulturellen Verbindungen und das lässt vermuten, dass es mehrere Jahrhunderte lang regen Austausch

2 J. Kunow, *Der römische Import in der Germania libera bis zu den Markomannenkriegen*, 1983; U. L. Hansen, *Römische Importfunde im Norden*, 1987; J. Wielowiejski, *Bericht der Römisch-Germanischen Kommission* 66, 1985, 123–320; 70, 1989, 191–242.

Vor der Völkerwanderung: Rom als Auslöser

zwischen dem Römischen Reich und den Völkern außerhalb gegeben haben muss.

Eine der wichtigsten Entdeckungen der letzten Jahre warf ein helles Licht auf die römische Politik in Germanien im frühen 1. Jahrhundert n. Chr. Es handelt sich um die Ausgrabung bei Waldgirmes am Nordufer der Lahn zwischen Gießen und Wetzlar.[3] Man weiß, dass es in der fruchtbaren Ebene der Wetterau römische Befestigungslager gegeben hat und Waldgirmes liegt 30 km nördlich davon. Auf den ersten Blick schien die Stätte ein römisches Lager zu sein, die Ausgrabungen ergaben jedoch ein vollständigeres Bild: Im Mittelpunkt der Ausgrabungsstätte lag ein etwa 45 m² großes Gebäude mit Steinfundamenten, wie es bis dahin östlich des Rheins unbekannt war, und mit einer großen Halle an einer Seite. In den Anbauten an diese Halle standen wahrscheinlich Altäre. Dieses ungewöhnliche Gebäude ähnelt eher einem Forum als dem Verwaltungsbau eines Militärlagers. Sein Grundriss entspricht dem eines spätrepublikanischen oder augustäischen Forums in Italien und seine Existenz kann nur bedeuten, dass Augustus plante, hier ein Stadtzentrum zu gründen, von dem aus das umliegende Gebiet regiert und verwaltet werden konnte. Die schwere Niederlage der Armee von Varus in der entscheidenden Schlacht bei Kalkriese in der Nähe von Osnabrück, 180 km weiter nördlich, beendete diese Pläne abrupt und endgültig.[4] Waldgirmes ist eine Entdeckung neuerer Zeit, auf die es zuvor keine Hinweise gab. Es ist gut möglich, dass es nicht

3 A. Becker und G. Rasbach, *Germania* 76, 1998, 673–92.

4 W. Schlüter und R. Wiegels (Hrsg.), *Rom, Germanien und die Ausgrabungen von Kalkriese*, 1999.

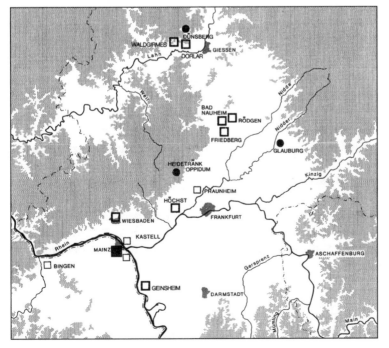

Römische Militärlager östlich des Rheins: spätes 1. Jahrhundert v. Chr. bis frühes 1. Jahrhundert n. Chr.

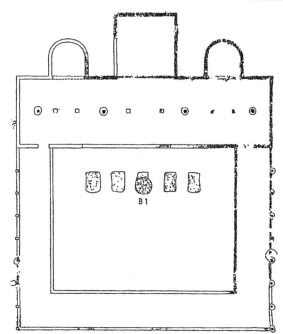

Römisches Verwaltungshauptquartier in Waldgirmes: frühes 1. Jahrhundert v. Chr.

5 M. Kluta, *Das Grab eines germanischen Königs aus Mušov in Slovakien*, 1995.

das einzige geplante Zentrum für die Besetzung Germaniens gewesen ist.

Die Lage von Waldgirmes ist von offensichtlichem Interesse, denn zu jener Zeit und auch später noch siedelte in diesem Teil des Lahntales ein großer Teil der germanischen Bevölkerung. Viele Stücke der Gebrauchskeramik (etwa 20 %) stammte aus örtlichen Manufakturen und man kann davon ausgehen, dass ein Teil der einheimischen Bevölkerung nach üblicher römischer Praxis im Ort aufgenommen werden sollte. Nach der erzwungenen Aufgabe von Waldgirmes erhielt die Bevölkerung der Gegend die Handelsbeziehungen mit Rom aufrecht; es mögen auch noch andere Verbindungen existiert haben.

Besonders viele Belege für die Verbindungen germanischer Fürsten mit dem Römischen Reich finden sich nördlich der Donaugrenze. Das bisher reichste Grab ist das bei Mušov in Mähren, das man als das Grab eines germanischen Königs (Quadan?) im späten 2. Jahrhundert n. Chr., in der Zeit entweder kurz vor oder kurz nach dem Ende der Kriege mit den Markomannen und Quaden, einordnen kann.[5] Zum Grabinventar gehören Silbergefäße, die zum Zeitpunkt der Bestattung bereits zweihundert Jahre alt waren, sowie Objekte jüngeren Datums. Eine Reihe von Fürstenbestattungen im Becken der oberen Elbe und Saale belegen Verbindungen mit den mittleren Donauprovinzen für das folgende Jahrhundert. Diese Gräber zeichnen sich durch eine Vielfalt von Importen aus dem Römischen Reich aus, Keramik, Bronzen, Silbergefäße

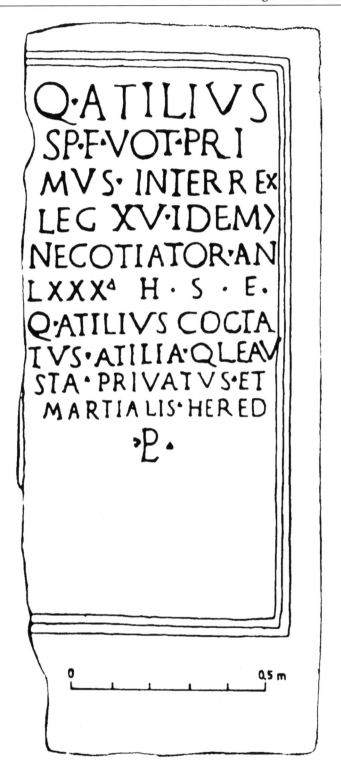

Grabstein des Q. Atilius Primus, erst Soldat, später Händler; gefunden in der Slowakei nördlich der Donaugrenze. 2. Jahrhundert n. Chr.

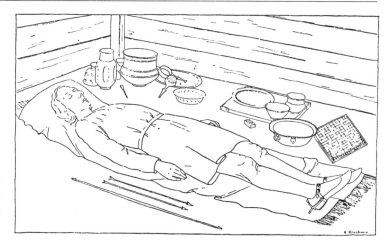

Grab eines Germanenfürsten bei Leuna, mit importierten römischen Beigaben. Spätes 3. Jahrhundert n. Chr.

6 W. Schulz, *Das Fürstengrab von Hassleben*, 1933; *Leuna*, 1953.

und möglicherweise auch Objekte aus vergänglichem Material wie Textilien. Zwar könnten diese Beigaben auch als Beutegut nach erfolgreichen Überfällen über die Grenze gekommen sein, sie können aber genauso gut als Geschenke im Austausch für militärische Unterstützung oder Neutralität angesehen werden. Die von ca. 300 n. Chr. stammenden Gräber bei Leuna und Hassleben sind die besten Beispiele aus dem Elbe-Saale-Gebiet.[6] Weiter östlich in der Slowakei enthalten zwei reich ausgestattete Gräber bei Straze in der Nähe von Piestani im Vahtal, römische Silbergefäße, von denen eines eine reichverzierte Lanx oder Platte ist. Auch hier ist schwer zu sagen, ob es sich um wertvolle Geschenke oder Beutegut handelt. Sollte Letzteres der Fall sein, so trafen die Plünderer eine ausgezeichnete Wahl.

Mit das wichtigste Element in der Kette der Beziehungen zwischen der römischen Welt und den Völkern außerhalb waren Zuschüsse, die meist in Form von Geld, aber auch in Gütern wie Korn, Kleidung oder Gewürzen gezahlt wurden. Diese Subventionen hatten eine lange Tradition, auf die man im frühen Kaiserreich oft zurückgegriffen hatte. Im 3. Jahrhundert n. Chr. könnte es viel weiter verbreitet gewesen sein, den Frieden mit feindlichen Barbaren mit Geld zu erkaufen, als die Überlieferung vermuten lässt. Die Grenzen zwischen Subventionen und Erpressung waren zwischen 230 und 280 n. Chr. wahrscheinlich fließend. Unter Diokletian und Konstantin entwickelte sich eine konstantere Politik, besonders an der äußerst wichtigen Donaugrenze. Jenseits der Donau hielten sich die Goten und ihre Verbündeten in der Regel an die 274 n. Chr. mit Aurelian getroffene Vereinbarung, doch auch sie könnte mit Geld erkauft worden sein. Die Goten entsandten Truppen an die Armeen von Konstantin und Licinius und bis 331 n. Chr., als sie die Sarmaten überfielen und dann in die Donauprovinzen einmarschierten, verursachten sie wenig Aufruhr. Zu dieser Zeit waren die Sarmaten südöstlich der großen Donauschleife wahrscheinlich mit den Römern verbündet, und ihr Gebiet wurde von einem großen Erdwall in der Theiß-Ebene, dem so genannten Csorszarok (Teufelsdeich) umgeben. Eine Gruppe der Sarmaten, vielleicht führende Krieger, flohen ins Römische Reich und ließen sich dort nieder. Einige Vandalen mussten unter ihrem König Visumar nach einer Niederlage durch die Goten ebenfalls bei den Römern Schutz suchen. Andere Sarmaten siedelten auf römischem Gebiet im nördlichen Balkan oder sogar in Italien. Die Theiß-Ebene stand nun potenziellen Einwanderern, darunter Gepiden, Vandalen und Taifalern sowie Goten und Sarmaten, einladend offen. Da römische Befehlshaber kaum ein Interesse an sozialer Anthropologie hatten, ist es auszuschließen, dass sie zwischen diesen Völkern einen Unterschied machten. Was für uns so spannend ist, ist die Bereitschaft der römischen Befehlshaber, auch wenn sie unter Druck standen, eine solche Menge unterschiedlicher fremder Völker innerhalb der Provinzgrenzen zu dulden, nicht zuletzt an einer so empfindlichen und exponierten Grenze wie der mittleren Donau, die ganz offen Zugang zum Herzen des Imperiums bot.

Die Kontakte beschränkten sich keineswegs auf den Austausch von Waren. Es gab auch einen Austausch an Technologien, der sich besonders im Auftreten von Töpferöfen römischer Art bei den Völkern in Mittelgermanien zeigt. Bei Haarhausen in der Nähe von Erfurt wurde in Brennöfen gedrehte Keramik hergestellt, die der der römischen Provinzen ähnelt.[7] Sogar Mortaria wurden produziert, was auf eine Anpassung an die römischen Essgewohnheiten hinweist. Dies kann durch die Gefangennahme von Handwerkern aus der Provinz, deren freiwillige Umsiedlung über die Grenze oder durch Vereinbarungen auf politischer Ebene geschehen sein. Auf beiden Seiten der Grenze wurden auch die gleichen Metallverarbeitungstechniken angewandt. Handwerker, die im Elbe-Saale-Becken und weiter östlich Fibeln und andere Metallobjekte herstellten, kannten die gängigen Techniken in den römischen Provinzen gut. Selbst die Reparaturen von Metallgefäßen wurden ähnlich vorgenommen, wie es bei den Römern belegt ist. Da Fibeln ebenso funktional wie ornamental sind, ist es zumindest möglich, dass sich im Zuge der Kontakte in der Grenzregion auch die Mode änderte.

Römische Schriftsteller berichten, dass mehrere Völker westlich des Rheins Traditionen beibehielten, die östlich des Flusses und vor einer Wanderung, die vor dem 1. Jahrhundert v. Chr. stattgefunden hatte, entstanden waren. Ein solcher Stamm waren die Treverer, die Nervier und Tungerer zwei weitere, und noch mehrere kleinere Gruppen nahe des Niederrheins erhoben den Anspruch, transrheinischer oder germanischer Herkunft zu sein. Man kann nicht sicher sein, wie glaubwürdig solche Ansprüche sind. Ein Ursprung östlich des Rheins mag ein gewisses Gütesiegel gewesen sein, das durch die erfolgreiche Besiedelung

7 S. Dugek, in: *Limeskongress Carnuntum*, 1986, 505–13.

des Gebietes westlich des Flusses noch erhöht wurde, im Prinzip ist aber eine Bewegung von Volksmassen über den Rhein in der mittleren oder späten Eisenzeit nicht unwahrscheinlich. Der Flusslauf des Niederrheins wäre, da er flacher war und in mehreren Kanälen verlief, zu dieser Zeit gut passierbar gewesen und die kulturellen Unterschiede der Völker auf beiden Seiten des Tales waren nur gering. Die Stämme östlich des Rheins waren von der La-Tène-Kultur der Gallier stark beeinflusst und waren wohl selbst keltischen Ursprungs, wie die Namen einiger Stämme, wie z.B. der Nemeter, oder Anführer, wie z.B. Ariovist, vermuten lassen, oder sie waren gemischter ethnischer Herkunft.

Die Germani Cisrhenani schienen somit eine klar erkennbare Gruppe von Wanderern darzustellen, die den Rhein überquerten und sich noch vor den Feldzügen Julius Caesars in Gallien und vermutlich sogar noch vor 100 v. Chr. an der mittleren Maas und der Mosel niederließen. Am zahlreichsten unter ihnen waren wohl die Tungerer und sie behielten ihre Stammesidentität im System der römischen Provinz bei. Die Namen einzelner Tungerer geben keinen Hinweis auf einen germanischen Ursprung, das schließt jedoch nicht aus, dass sie von der östlichen Rheinseite gekommen waren. Die Ubier lebten, bevor sie entweder von Julius Caesar in den späten 50er-Jahren oder – wahrscheinlicher – von Marcus Agrippa um 20 v. Chr. umgesiedelt wurden, rechts des Rheins. Auch anderen, kleineren Gruppen wurde es vermutlich erlaubt, westlich des Rheins zu siedeln, um die römische Herrschaft im Tal zu festigen. Das untere Maintal und die reichen Ebenen der Wetterau waren auch von nicht-germanischen Gruppen besiedelt, die vielleicht leichter zu steuern waren als die größeren Stämme weiter im Osten. In Diersheim bei Straßburg, ein Stück rheinaufwärts, finden sich Beweise einer anderen Besiedelung aus weiter östlich gelegenen Gegenden, und bei Ladenburg am Neckar gibt es weitere.[8] Die Ankunft dieser Siedler zu datieren ist sehr schwer, doch gibt es keinen Grund, ein Datum vor dem späten 1. Jahrhundert v. Chr. anzunehmen; einige von ihnen kamen sicher erst in der Mitte des 1. Jahrhunderts n. Chr.

Bedeutender war die Wanderung westwärts über den Rhein von den Völkern, die von Caesar und später von Schriftstellern unter dem Namen Suebi zusammengefasst wurden. Es ist schwer zu sagen, ob es sich hierbei um eine größere Wanderung von Stämmen und Familienverbänden, oder um einen Angriff von Kriegerbanden auf Ostgallien handelte. Lange Zeit nahm man an, dass die ethnische Zugehörigkeit der Völker, die zum mittleren und oberen Rhein zogen, rein germanisch war, doch wird dies heute bezweifelt. Innerhalb dieser Verbände östlich des Rheins wurden keltische und prä-keltische Spuren entdeckt, die sich teils in der Sprache und teils in der materiellen Kultur, die sich aus archäologischen Funden ergibt, offenbaren. Selbst wenn man Caesars Wunsch, einen Unterschied zwischen den Suebi östlich des Rheins und den Völkern im Tal und west-

8 R. Nierhaus, *Das suebische Gräberfeld von Diersheim*, 1966.

lich davon zu machen, berücksichtigt, wurde die Diskussion der ethnischen Situation beiderseits des Rheins durch die Konzentration auf eine Unterscheidung zwischen Kelten und Germanen in eine falsche Richtung gelenkt. Denn wenn es sich um Kriegerhorden handelt, waren diese Gruppen wahrscheinlich gemischt und ihre Mitglieder hatten keine Ahnung von oder kein Interesse an ethnischen Unterschieden, sofern diese existiert haben sollten. Die Völker zwischen Main und Lippe könnten weder Kelten noch Germanen gewesen sein, auch wenn sie eindeutig kulturelle Verbindungen mit der La-Tène-Kultur Ostgalliens aufwiesen. Auch wenn man keine klare Grenze zwischen den Völkern östlich des Rheins und denen im Tal ziehen kann, war der kühne Versuch Caesars diesbezüglich – vom römischen Standpunkt aus gesehen – strategisch sinnvoll. Da andere Stämme aus Mittelgermanien nach Westen vorstießen, stellte das Machtvakuum östlich des Rheins eine offensichtliche Bedrohung für Gallien dar. Dieser Auswirkungen war sich auch Augustus bewusst und vielleicht wurden sie sogar bereits von Agrippa 38 v. Chr. erkannt.[9] Sicher ist jedenfalls, dass im späten 1. Jahrhundert v. Chr. Siedler aus dem Gebiet zwischen Weser und Elbe ins Main-Lippe-Gebiet zogen, um sich dort den römischen Streitkräften zu stellen und diese schließlich zu schlagen. Nach der Niederlage von Varus 9 n. Chr. stand das Tor für weitere Invasionen aus dem Osten offen, auch wenn sich die später entstandenen Kontakte zwischen Germanen und Römern nicht ausschließlich auf die zwischen Eindringling und Verteidiger beschränkten.

Die *agri decumates* und ihre Bewohner werfen seit langem Probleme auf und bieten Gesprächsstoff. Selbst die Bedeutung des Wortes ist unklar. Man hat sich darauf geeinigt, dass es einen bestimmten Teil Land bezeichnet, das unter besonderen Umständen nach einem gallischen Zuteilungssystem übernommen wurde. Die Tatsache, dass der Begriff nur von Tacitus in seiner Germania einmal genannt wird und unerklärt bleibt, als sei die Bedeutung dem Leser klar, macht die Interpretation nicht leichter.[10] Dies scheint so unwahrscheinlich, dass man sogar einen Fehler im Text vermutete, was auch nicht ausgeschlossen werden kann. Hier ist nur wichtig, was Tacitus über die Siedler in der Gegend zwischen dem Oberrhein und der oberen Donau sagt: Kurz nachdem das Gebiet unter römische Herrschaft kam, seien mittellose Abenteurer dorthin gezogen, um sich auf neu übernommenem Land niederzulassen. Abgesehen von Tacitus' urbaner Meinung, was für Leute diese Siedler waren, gibt es keinen guten Grund, seine Aussage nicht zu beachten. Dass sich gallische Siedler und Abenteurer um das Land stritten, als sich der Arm der Römer über den Schwarzwald hinaus zur oberen Donau erstreckte, ist plausibel. Landlose Menschen aus den anliegenden Provinzen könnten dort ihr Glück versucht haben, andere wiederum stammten wohl nicht aus den unteren sozialen Schichten,

9 C. Wells, *The German Policy of Augustus*, 1972 – müsste nun überarbeitet werden. S. von Schnurbein, *Bericht der Römisch-Germanischen Kommission* 62, 1981, 5–101. Zu den antiken Quellen: H.-W. Goetz und W. Welwei, *Altes Germanien*, 1995.

10 *Germania* 29.

wenn man die lebhafte wirtschaftliche Entwicklung dieser Region seit dem späten 1. Jahrhundert betrachtet. Kernpunkt ist, dass die *agri decumates* neue Siedler aus den Ländereien im Westen anzogen. Wenn sich neue Gelegenheiten boten, gab es wohl auch in anderen Grenzgebieten eine ähnliche Zuwanderung.

Im Imperium Romanum

Die Bewegungen von Völkern innerhalb des Römischen Reiches war für moderne Historiker von geringem Interesse, zweifellos, weil die antiken Quellen wenig sichere Beweise für solche Bewegungen liefern. Es gibt jedoch genug Hinweise darauf, dass die Ausweitung der römischen Macht besonders auf Westeuropa die Bevölkerungsverschiebungen nicht völlig zum Stillstand brachte. Sie nahmen allerdings andere Formen an. Indem sie ein neues politisches und wirtschaftliches Umfeld schufen, förderten die Römer verschiedene Arten von Wanderung innerhalb der römischen Provinzen. In der Anfangszeit brachte das frühe Römische Reich im Westen ungeheure demografische Veränderungen für Gruppen, Familien und Einzelpersonen mit sich. Diese Personen sind in vielen Inschriften repräsentiert. Kriegsveteranen siedelten in Provinzen fern der eigentlichen Heimat oder wurden dort angesiedelt, Kaufleute ließen sich an strategisch günstig gelegenen Marktplätzen nieder, freigelassene Sklaven versuchten ihr Glück in den neu eroberten Gebieten. Für das frühe Imperium sind dies bekannte Symptome, die hier keiner weiteren Erklärung bedürfen. Andere Wanderer sind weniger gut bekannt, doch gibt es keinen Zweifel, dass auch sie im kulturellen Durcheinander der römischen Provinzen eine Rolle spielten.

Die größte Chance, die Rom dem Einzelnen in Westeuropa bot, war die Gründung und Planung von Städten in Gegenden, in denen noch keine existierten, oder die Förderung bereits bestehender Städte. Das Netzwerk von Städten, das sich im 1. Jahrhundert v. Chr. entwickelte, erwuchs in hohem Maße aus einem Geflecht vorrömischer Siedlungen. Größere Kolonien wurden oft in oder bei einem bedeutenden einheimischen Zentrum gegründet, wie z.B. in Nîmes, Köln und Colchester. Bei vielen neuen Städten, seien es nun römische Gründungen oder einheimische Niederlassungen, fällt es schwer zu glauben, dass ihre Bevölkerung nicht durch Außenstehende verstärkt wurde, von denen einige aus weit entfernten Gebieten stammten.

Bevölkerungsverschiebungen im Gebiet zwischen den Alpen und dem Donautal, einer Gegend, in der im späten 1. Jahrtausend v. Chr. einige Turbulenzen geherrscht hatten, können nicht weiter überraschen. Einige Gräber mit entsprechenden Beigaben lassen eine Wanderung in das Gebiet zwischen Lech und der unteren Isar in der frühen Römerzeit vermuten.[11] Es handelt sich um ungewöhnliche Erdbestattungen von

11 E. Keller, *Die frühkaiserzeitlichen Körpergräber von Heimstetten*, 1984.

Männern und Frauen. Diese Ansammlung von Gräbern in kleinen Friedhöfen wurden Heimstetten genannt, nach einer frühen Entdeckung an diesem Ort bei München.

Die Markomannen- und Quadenkriege: eine vereitelte Wanderung?

In der zweiten Hälfte des 2. Jahrhunderts sah sich das Römische Reich vor die größte Bedrohung seiner inneren Sicherheit seit zweieinhalb Jahrhunderten gestellt.[12] Vierzehn Jahre lang, von 166–180 n. Chr., mit einer fünfjährigen Unterbrechung, mussten römische Armeen, die zeitweilig vom Kaiser befehligt wurden, in vier Feldzügen die Grenze an der mittleren Donau sichern und Barbaren aus den Provinzen südlich des Flusses vertreiben. Strategisch gesehen war dieser Grenzabschnitt von äußerster Wichtigkeit. Die Schaffung der Provinz Dacia durch Trajan im frühen 2. Jahrhundert n. Chr. hatte unbeabsichtigt das Interesse möglicher Angreifer auf den Westen gelenkt, in den Trichter, den das Theiß-Tal bot, das direkt zur Donau und zur Provinz Pannonien (dem heutigen Ungarn) führte. War die Donau erst überquert, war es relativ leicht, die Alpen östlich zu umgehen und Zugang zu den reichen Gebieten Norditaliens zu erhalten. Zu dieser Zeit waren nur wenige römische Truppen dauerhaft südlich der Donau stationiert und keine einzige in Norditalien. Die militärische Notwendigkeit war klar und die Armeen Marc Aurels wurden nach mehreren strapaziösen Feldzügen schließlich mit der Krise fertig – unter großen Verlusten für die römischen Streitkräfte, für den Staatsschatz und für die Provinzen, in denen die Kämpfe stattfanden. Doch die Markomannenkriege, wie sie allgemein genannt werden, auch wenn die Quaden ebenfalls erbitterten Widerstand leisteten, waren nicht lediglich ein militärischer Notfall, den Rom letztendlich bewältigte. Diese lange Kriegszeit bezeichnete vielmehr das Ende einer längeren Periode relativ stabiler Beziehungen zwischen dem Römischen Reich und den Völkern Mitteleuropas und den Beginn einer Epoche, in der das etablierte Gleichgewicht durch Entwicklungen bei den Völkern außerhalb unterwandert wurde. Eine dieser Entwicklungen war das wachsende Bestreben der Barbarenführer und ihres Gefolges, zu nutzen, was das Imperium zu bieten hatte. Ein weiterer Faktor war eine größere Umgruppierung der Stammesgesellschaften jenseits der römischen Grenzen, auf die wir noch zurückkommen werden.

Als dieser lange Krieg 180 n. Chr. endete, erklärte sich der kommende Kaiser Commodus mit einigem Recht zum Sieger, auch wenn der Sieg hart erkämpft war. Man sprach sogar davon, nördlich der Donau zwei neue Provinzen zu errichten, Markomannien und Sarmatien, doch dieser Vorschlag wurde nie in die Tat umgesetzt. Die Überlegung war strategisch nicht unklug, doch hatte das Imperium genug damit zu tun, die bestehenden Grenzen zu sichern. Ein Notfall an einer Grenze wurde oft

12 A. Birley, *Marcus Aurelius*, (2. Ausgabe 1987), 153–83. Zur Geschichte dieser Feldzüge: H.-W. Böhme, *Jahrbuch des Römisch-Germanischen Museums Mainz* 22, 1975, 153; J. Fitz, *Historia* 15, 1966, 81; G. Langmann, *Die Markomannenkriege*, Wien 1981.

dadurch bewältigt, dass Truppen von einem anderen Abschnitt abgezogen wurden. Auch wenn es an der Donaugrenze einige Veränderungen gab, konnte ein zeitgenössischer römischer Befehlshaber angesichts der Ereignisse von 166–80 n. Chr. davon ausgehen, dass der Ausgang des Krieges insgesamt für Rom vorteilhaft war. Die Barbarenscharen waren, wenn auch mit Schwierigkeiten, zurückgeworfen, keine Provinz war verloren und der *Status quo ante* an der Grenze wiederhergestellt. Die Ereignisse sollten jedoch bald weitergehende Veränderungen enthüllen, als man sie in den letzten Jahren des Jahrhunderts hätte voraussehen können.

Die Steppenvölker aus dem Osten

Dem Zusammenbruch des Achaimenidenreiches in Persien folgte bald eine Reihe von Wanderungen, besonders in Mittelasien nördlich des Aralsees und über die Steppen von Kasachstan. Einige Nomadenstämme erweiterten ihre militärische Stärke, da sie sich nun den gut bewaffneten und organisierten makedonischen Streitkräften in Persien gegenüber sahen. Eine dieser Gruppen, die Massageten, bildete eine mächtige Streitmacht schwer bewaffneter Reiter (die in römischen Quellen später *cataphracti* genannt wurden), teils, um den Makedonen Widerstand zu leisten, zum Teil aber auch, um ihre schwächeren Nachbarn zu unterwerfen. Vom späten 4. bis zum Ende des 3. Jahrhunderts v. Chr. bildeten die Massageten eine dominierende Macht in Mittelasien, die die westlichen Hunnen beherrschte und aus ihren Beziehungen zum Iran kulturelle Vorteile zog. Doch um 200 v. Chr. liefen von China aus, wo die Chou-Dynastie aufgrund interner Schwierigkeiten zusammenbrach, Wellen der Unruhe durch Mittelasien. Chinesische Quellen offenbaren eine Reihe von Krisen, die die Steppen vom westlichen China bis zum Kaspischen Meer betrafen. Vor diesem Hintergrund wuchs die militärische Macht der Hunnen durch die Eroberung großer Gebiete der asiatischen Steppen durch diese hervorragenden, berittenen Krieger und ihre Verbündeten. In den nächsten sechs Jahrhunderten hörte man wenig von Vorstößen der Hunnen westlich des Kaspischen Meeres. Die Imperien der Parther und später der Perser waren bis zum späten 4. Jahrhundert n. Chr. Abschreckung genug. Als die Hunnen schließlich nach Westen vordrangen, taten sie dies mit nie da gewesener, schrecklicher Gewalt.

Die Steppenvölker

Das erste Steppenvolk, das in den mediterranen Raum eindrang, waren die Skythen.[1] Bereits im 6. Jahrhundert v. Chr. waren die Völker der südrussischen Steppe den Persern im Süden gut bekannt. 513 v. Chr. zog der Perserkönig Darius eine große Armee zusammen, um in das Gebiet der Skythen einzufallen und seine Besetzer zu unterwerfen. Die Antwort der Skythen war eine Politik der Zermürbung und der verbrannten Erde, und sie hatten damit Erfolg. Die Perser wurden tief in die endlose Steppe gelockt und dort fast völlig vernichtet. Die Reste der Armee des großen Königs wurden zum Hellespont zurückgetrieben. Es gab keine Historiker oder Dichter bei den Skythen, die diese Ereignisse aufzeichneten, und so wurden sie erstmals durch griechische Schriftsteller beschrie-

1 R. Rolle, *The World of the Scythians*, 1989.

ben, vor allem von Herodot, der sich an die südöstlichen Grenzen von Scythia vorwagte und ihre Kultur mit ziemlich nachsichtigen Worten beschrieb. Ansonsten sah man die Skythen in der griechischen Welt als trunksüchtig und ausschweifend, dem Krieg und der Angeberei ergeben und außerdem konnten sie kein Griechisch. Solche Vorurteile hielten sich in der gesamten klassischen Epoche und auch noch lange danach. Selbst Napoleon berief sich noch auf die Skythen, wenn er den Schrecken des heranziehenden Feindes beschreiben wollte. Wenn sie nicht als Feindbilder dienten, hielt man sie für Witzfiguren, Vorstellungen, die bis heute überlebt haben. In den letzten 50 Jahren lieferten Untersuchungen ihrer Grabstätten und Siedlungen ein ausgeglicheneres Bild. Die großen Goldschätze aus reichen Skythengräbern sind nicht mehr die einzige Informationsquelle für diese Kultur[2], sondern man kann nunmehr ein Bild ihrer Gesellschaft rekonstruieren, das sich nicht nur auf persische und griechische Quellen stützt.

Im 6. Jahrhundert wurden die Skythen durch die Griechen als Herrscher über das Land nördlich des Schwarzen Meeres, von der unteren Donau bis zum Don und nach Norden entlang der Täler von Dnjester und Bug, anerkannt. Zeitweilig erstreckte sich ihr Gebiet ostwärts zum Kaukasus oder sogar zum Kaspischen Meer, wenn sie andere Nomadenstämme unterwarfen. Diese unterworfenen Völker trugen zur wirtschaftlichen Macht der Skythen bei, es ist jedoch wenig über sie bekannt. Das Bild der Skythen selbst wurde durch griechische Schreiber, vor allem Herodot, unauslöschlich geprägt. Sie waren „Pferdehalter" und „Milchtrinker". Ihr Land bestand aus fetten Weiden, durchzogen von fischreichen Flüssen. Es zeugt von einem gewissen Maß an sesshaftem Leben, dass Vieh in der Steppe weidete und auch Pferdehaltung weit verbreitet war. Für einen griechischen Beobachter wie Herodot war das Klima abschreckend. Der Winter dauerte vier Monate und die anderen acht waren nass und kalt. Dies trifft allerdings nicht auf die Schwarzmeerküste zu und gibt auch kein genaues Bild von der Steppe, wo die Sommer oft heiß und trocken sind. Die Steppenwinter sind streng, doch die warme Jahreszeit zwischen April und September, in der die fruchtbaren Ländereien beiderseits des Dontales reiche Ernte tragen, gleicht dies aus. Die Skythen herrschten somit über ein Land mit reichen Naturschätzen, das Händler aus den östlichen Mittelmeerländern und Kleinasien anzog.

Doch wie entstand diese Kultur in der westlichen Steppe? Es gibt kein einheitliches Bild und die rasante Forschungsentwicklung in Südrussland brachte während der letzten 20 Jahre viele neue Informationen ans Licht. Etwa um 900 v. Chr. gab es deutliche Bevölkerungsverschiebungen vom nördlichen Iran zum Kaukasus und zum Schwarzen Meer. Die Gruppen, die über die südrussische Steppe zur ungarischen Ebene zogen, werden oft als Kimmerier bezeichnet, sie umfassten aber wahr-

[2] K. Jettmar, *Art of the Steppes*, 1964.

scheinlich verschiedene Nomadenstämme, auf der Suche nach neuem Land. Die unteren Becken von Dnieper und Don waren für diese Wanderer bevorzugte Siedlungsgebiete und wurden für die nächsten zwei Jahrhunderte ihr Ausgangspunkt. Nach 700 v. Chr. gerieten diese Gruppen unter wachsenden Druck durch Nomaden, die aus den mittelasiatischen Steppen vorstießen. Als Reaktion darauf fielen die Kimmerier etwa 680 v. Chr. in Kleinasien ein und führten in den nächsten zehn Jahren immer neue Angriffe durch. Sie zerstörten das Königreich Phrygien, überrannten Lydien und griffen die frühen griechischen Kolonien, darunter Ephesus und Smyrna, an der ägäischen Küste an. Diese Bewegung hielt fast ein Jahrhundert lang an und kann als militärische Invasion gefolgt von einer größeren Völkerwanderung angesehen werden. Verschiedene Gruppen ließen sich in Kleinasien nieder und verschmolzen mit der heimischen Bevölkerung. Andere wandten sich nach Osten und kehrten in die Gebiete zurück, die ihre Vorfahren vor Generationen verlassen hatten.

Das Kernland der Skythen zwischen Wolga und Don war im frühen 1. Jahrtausend v. Chr. der Boden für eine eigene gesellschaftliche und materielle Kultur. Ein entscheidendes Erkennungsmerkmal ist die Bestattung in solide gebauten Holzkammern innerhalb eines Hügels. Diese anspruchsvollen Monumente scheinen eine bedeutende kulturelle Veränderung dieser Region anzuzeigen. Zur Bestattung in hölzernen Grabkammern gehört die Opferung von Pferden und deren Bestattung zusammen mit ihrem Geschirr. Der Inhalt vieler Gräber erstaunt uns immer wieder durch die komplizierten Tiermotive auf vielen Materialien, nicht nur auf Gold, sondern auch auf Holz, Fell, Leder und Textilien. Dieser Stil reicht mehrere Jahrhunderte zurück, erreicht seinen Höhepunkt jedoch im 6. und 5. Jahrhundert v. Chr. Einige skythische Fundstücke gelangten bis nach Mitteleuropa, und sogar bis zu den Alpen und in die Niederlande.

Fundorte aus der frühen Eisenzeit in der Schweiz zeigten die Überreste von Pferden, die mit denen in der Steppe verwandt waren und einige Harnischteile, die aus der gleichen Quelle stammten. In Belgien und Südfrankreich gibt es Funde von Pferdegeschirr, die auf eine Einwanderung aus dem Hinterland des Schwarzen Meeres hindeuten, wahrscheinlich durch weit operierende Räuberbanden. Der feine skythische Goldschmuck verbreitete sich nicht so weit nach Westen, aber auf dem nördlichen Balkan machten sich Einflüsse auf dem Gebiet der Metallverarbeitungskunst bemerkbar, die auf skythische, thrakische und griechische Tradition zurückgehen.

Der Einfluss der Skythen auf Mittel- und Westeuropa war nur gering, machte sich aber mehrere Jahrhunderte lang bemerkbar. Ihre Nachfolger als Herrscher über die westlichen Steppen sollten viel tiefere Spuren hinterlassen: die Sarmaten.

Die Sarmaten

Im 6. Jahrhundert v. Chr., vielleicht sogar bereits früher, traten die Steppenvölker erstmals in Osteuropa auf, doch es waren die Sarmaten, die am weitesten vorstießen und am längsten blieben.[3] Das Kernland der Sarmaten war Mittelasien und Südsibirien, obwohl sich ihre frühe Geschichte nur schwer archäologisch belegen lässt. Die frühe Sarmatenkultur wird meist durch schlichtes Grabinventar repräsentiert. Die Gräber selbst waren in der Regel flache, strukturlose Gräben, und die Körper wurden in Felle oder Leder gewickelt. Importwaren gab es selten. Das Kriegsgerät aus den frühen Gräbern unterschied sich wesentlich von dem der Skythen. Der Bogen trat seltener auf und man verließ sich wohl mehr auf beidseitig geschliffene Langschwerter aus Eisen und schwere Lanzen. Der Körperpanzer war weiter verbreitet und bestand aus einer mit Bronze-, Eisen- oder Knochenplättchen besetzten Leder- oder Leinentunika. Auch Bronze- und Eisenhelme kamen zum Vorschein. Eine gut bewaffnete Reiterei, die für die nächsten Jahrhunderte das Markenzeichen der Sarmaten blieb, wurde zu ihrer Hauptstreitmacht. Bewaffnete Reitereien waren nichts Neues, die Sarmaten setzten sie lediglich effektiver ein. Der Einsatz ihrer bewaffneten Reiter stützte sich in hohem Maße auf die Wirkung großer, gemeinsam operierender

3 T. Sulimirski, *The Samartians*, 1970; G. Laszlo, *Steppenvölker und Germanen*, 1971; G. Frumkin, *Archaeology in Soviet Central Asia*, 1970.

Silberteller mit dem Bild eines sassanidischen Königs auf der Jagd. Persische Arbeit aus dem 4. Jahrhundert n. Chr.

Schwadronen. Frühe römische Beobachter waren von den Kampfqualitäten der Sarmaten nicht beeindruckt, ein Bild, das sich rasch änderte, als sie im 1. Jahrhundert n. Chr. die Donaugrenze bedrohten. Die zusätzliche Verwendung eines flexiblen Bogens verlieh ihrer Bewaffnung noch mehr Schlagkraft.

Die Zusammensetzung dieser Völker zwischen Dnieper und Wolga war unterschiedlich, und dies spiegelt sich auch in den archäologischen Funden wider. Es gibt viele Verbindungen zwischen ihnen, doch das Steppennomadentum gründete sich nicht nur auf Pferdehaltung und Überfälle auf die Nachbarn. Einige Nomaden hielten Kühe, Schafe oder Ziegen, andere verbanden die Viehzucht mit dem Ackerbau. Die Roxolanen jagten Wildschweine und Rotwild in den Sümpfen von Azow und wilde Esel in der offenen Steppe. Mehr Nomaden, als häufig angenommen wird, waren an relativ eng gefasste Gebiete gebunden. Wer Rinder und Schafe weidete, musste nicht unbedingt ständig in Bewegung sein. Jahreszeitlich bedingte Wanderungen von den Sommerweiden in der Steppe zur Küste des Schwarzen und des Kaspischen Meeres mit dem milderen Winterklima boten den Weidetieren genug Nahrung, und den einzelnen Gruppen ausreichend Gelegenheit zu sozialen und Handelskontakten.

Die letzte mit den Sarmaten verbundene Gruppe, die die Steppe in Richtung der Grenzen des Römischen Reiches verließ, waren die Alanen oder Alani. Ihre frühen Kontakte zu den Sarmaten sind nicht klar, sie verschmolzen aber mit der Zeit so sehr mit ihnen, dass eine klare Trennung unmöglich ist. Wahrscheinlich übernahmen alanische Fürsten die Führung gemischter Streitkräfte und heirateten in die herrschenden Clans anderer Nomadengruppen ein. Chinesische Annalen aus der Han-Dynastie berichten, dass die Aorsi in Al'lan'ai umbenannt wurden, was vermuten lässt, dass im 1. Jahrhundert n. Chr. die Macht über zumindest einige der Aorsi auf Alanenfürsten übergegangen war. Von ihrem Hauptstützpunkt nördlich des Kaspischen Meeres aus waren die nördlichen Länder des Partherreiches die ersten Ziele der Alanen. Ein größerer Angriff endete 73 n. Chr. mit einem Misserfolg und die Aufmerksamkeit wandte sich daraufhin den römischen Provinzen in Kleinasien zu. Auch hier wurden sie zurückgeschlagen und viele von ihnen kehrten ins Wolgabecken zurück, doch einige wanderten weiter nach Westen zur Schwarzmeerküste. Als östlichste Verbündete der Sarmaten hatten die Alanen häufiger als andere Gruppen Kontakt mit den Hunnen. Wie diese waren sie hervorragende Reiter und berittene Krieger, standen jedoch nicht unter der Herrschaft der Hunnen. Im späten Römischen Reich traten einige Alanengruppen in römische Dienste und wurden schließlich zu einem der wenigen Nomadenvölker, das sich im Westreich, vornehmlich in Gallien und Spanien, niederließ.

Sarmatengruppen blieben mindestens zwei Jahrhunderte nach ihrer Ankunft in der westlichen Steppe und zeigten keine Neigung, nach Westen in Richtung Mittelmeer zu wandern. Im späten 4. Jahrhundert kam jedoch der entscheidende Schlag, als Alexander der Makedone die persische Monarchie besiegte und somit viele Steppenvölker aus ihrer langen Unterwerfung durch Persien befreite. Für die Sarmaten war das ein prägendes Ereignis.

Das unruhige Leben der Steppenkulturen förderte spekulative Bewegungen und die liberaleren Bedingungen des späten 4. und 3. Jahrhunderts v. Chr. öffneten Wege in den Westen und brachten Sarmaten und andere Völker zum ersten Mal mit der griechischen Kultur in Kontakt. Die griechischen Städte an der Schwarzmeerküste waren durch den Handel mit den Skythen reich geworden, die Nomaden arbeiteten gerne mit den griechischen Händlern zusammen, und manchmal lebten sie auch mit ihnen zusammen, wie z.B. im Don-Delta. Als die Sarmaten ans Schwarze Meer kamen, fanden sie dort eine wirtschaftliche Struktur vor, zu der sie beitragen und von der sie profitieren konnten. Zwei Jahrhunderte später beschrieb Strabo einen Handelsposten im Don-Delta namens Tanais, wo sich Nomaden und griechische Händler trafen, um Sklaven und Felle gegen Kleidung, Wein und Metallgefäße zu tauschen. Es begann eine lange Verbindung mit der griechisch-römischen Kultur.

Etwa um 200 v. Chr. hatten sich mehrere Gruppen der Sarmaten so individuell entwickelt, dass sie einen eigenen Namen trugen. Die bedeutendsten waren die Iazygen (oder Iaxamatae), die das untere Dontal und die Steppe westlich des Dnieper beherrschten. Auch die Namen anderer Gruppen wurden im Römischen Reich bekannt, auch wenn nicht alle von ihnen tatsächlich Sarmaten waren. Dazu zählten die für ihre Reiterkunst berühmten Alanen, die Roxolanen und die Aorsi. In der südrussischen Steppe mischten sich die noch verbliebenen Skythen mit den Sarmaten. Ihre Fürsten führten gemischte Kriegerhorden an und erhielten den Titel Königliche Sarmaten.

In der asiatischen Steppe gingen die Unruhen weiter, von China bis zum Schwarzen Meer. Die Hsiung-nu, besser bekannt als Hunnen, begannen den berühmten Angriff auf Westchina, der die Chinesen veranlasste, die Mauer zu bauen. Mehrere Nomadenvölker, darunter die Massageten und Saken, wurden von den Hunnen entweder unterworfen oder gezwungen, ihr Land zu verlassen. Zu den Staaten, die in dieser unruhigen Zeit zerschlagen wurden, zählte das graeco-baktrische Königreich im heutigen Afghanistan und Pakistan, ein Opfer ostwärts ziehender Perser. Die Auswirkungen waren für die westlichen Nomaden unermesslich, da sie Wanderungen auslösten, die 600 Jahre lang dauern sollten.

Zwischen dem 2. Jahrhundert v. Chr. und dem 1. Jahrhundert n. Chr.

drängte eine weitere Wanderungswelle aus dem Osten in die westlichen Steppen, verbunden mit dem Auftauchen der Aorsi im Ural und dem Wolgabecken. Die Aorsi erkannten den Handel als Möglichkeit, Wohlstand zu erzeugen, denn ihre Gräber zeugen von ihrer aufstrebenden Wirtschaftsmacht. Große Mengen goldener Ornamente wurden mit ihren Herrschern begraben, und es gab weitere Goldhorte auf ihrem Gebiet. Aus dem 1. Jahrhundert v. Chr. ist ein König bekannt, der eine Streitmacht mit 200 000 Reitern um sich scharen konnte. Ein halbes Jahrhundert später entsandten die Aorsi einen Botschafter zu Augustus nach Rom. 49 n. Chr. wurde der König der Aorsi als Verbündeter Roms anerkannt, als man versuchte, einen Puffer gegen die Steppenvölker zu bilden. Das römische Vordringen zum Schwarzen Meer führte zwangsweise zu veränderten Beziehungen mit den Aorsi, Alanen und Sarmaten. Der materielle Vorteil eines Bündnisses mit Rom wurde deutlicher, auch wenn einige Sarmatengruppen Rom mit einigem Erfolg bekriegten.

Die Iazygen, die im 2. Jahrhundert v. Chr. nach Westen an den Dniester gezogen waren, waren versucht, nach Süden ins Donautal zu wandern. Manche von ihnen vereinigten ihre Kräfte mit dem König von Pontus, Mithradates Eupator, in seinem Kampf gegen Rom um 74–72 v. Chr. Abgesehen von dieser Intervention führten die Iazygen auch angesichts der zunehmenden römischen Macht am Fluss weiter Überfälle im Donaugebiet durch. Westlich wurden sie durch das Königreich der Daker aufgehalten, doch der Tod des Dakerkönigs Burebistas im Jahr 44 v. Chr. öffnete den Weg nach Westen. Nach 20 n. Chr. konnten die Iazygen schließlich die Karpaten überqueren und in den weiten Ebenen Ungarns und der Slowakei siedeln. Ihnen folgten die Roxolanen. Strabo gibt uns eine bildhafte Beschreibung dieser „Wagenbewohner", die ihr Winterlager in der Nähe des Azowsees hatten und das Sommerlager in den Ebenen im Norden. Auch sie zogen vom Hinterland des Schwarzen Meeres westwärts und trafen auf die unterschiedlichen Völker an der unteren Donau. Die Roxolanen zogen noch weiter nach Westen, auch wenn sich eine Gruppe nach Norden wandte und einen fruchtbaren Landstrich in der Nähe von Kiew besetzte. Die meisten jedoch setzten ihre Überfälle auf die Donauprovinzen Roms fort, was im Jahr 62–63 n. Chr. in einem massiven Angriff auf Moesia gipfelte, der für die Eindringlinge in einer vernichtenden Niederlage endete. Dieser Rückschlag beendete zwar ihre Überfälle im Donautal nicht, sie konnten sich aber auch nicht südlich des Flusses niederlassen.

Die Hsiung-nu

Die Hsiung-nu aus Mittelasien, die allgemein als die Vorfahren der Hunnen betrachtet werden, blieben bis vor kurzer Zeit sehr geheimnisumwittert. Im Zuge der Forschung der letzten zehn Jahre wurde die

Identität dieses Volkes nun deutlicher.[4] Auch das Licht, das auf die Kultur eines großen Steppenvolkes geworfen wird, ist bedeutend. Das Zentrum der Entdeckungen liegt in der Republik Burjatien östlich des Baikalsees. Im späten 19. Jahrhundert stieß man bei Ausgrabungen auf Stätten der Hsiung-nu und später auf reich ausgestattete Hügelgräber, bei den neueren Forschungen kamen jedoch noch weit mehr Stätten zutage, die die Kultur der Hsiung-nu auf eine völlig andere Grundlage stellen. Eine der wichtigsten Stätten ist ein Komplex bei Ivolga in der Nähe von Ulan-Ude. Hier wurde im 3. und 2. Jahrhundert v. Chr. eine starke, 350 x 200 m große, von massiven Wällen umgebene Festung bewohnt. Die Siedlung war geplant angelegt und die Gebäude in Reihen ausgerichtet, mit einem großen Holzhaus in der Mitte. Die anderen 50 bekannten Häuser waren eingetiefte Hütten, ähnlich wie Grubenhäuser. Das Interessanteste an der Siedlung ist, dass sie sowohl Beweise für Ackerbau und Viehzucht, als auch für Jagd und Fischfang liefert. Auch viele Bronze-, Eisen- und Knochenobjekte kamen zum Vorschein. Ein nahe gelegener Friedhof trug viel zum Wissen über die materielle Kultur der Bevölkerung in der Baikalregion bei. Ein weiterer Friedhof bei Derestuj erbrachte noch mehr Informationen über das Handwerk und die Handelskontakte sowie die Bestattungsriten der Hsiung-nu.

Das Gräberfeld von Derestuj besteht aus mehreren Hügelgräbergruppen, wobei jeder Hügel von einer Reihe flacher Gräber umgeben ist. Der Haupthügel hatte in der Regel eine steinerne Kammer, in die ein Holzsarg gelegt wurde. Die meisten Kammern enthielten Grabbeigaben. In einem im Jahr 2000 ausgegrabenen Grab fand man über 1 000 Metallobjekte. In den flachen Gräbern waren meist nur menschliche Überreste, darunter häufig Kinder und Säuglinge, von denen viele anlässlich der Bestattung geopfert worden waren. Diese Ausgrabungen sind lediglich die zur Zeit am besten bekannten. Weiter im Süden, bis in die nördliche Mongolei, sollen noch viele andere Gräberfelder und einige Festungen liegen, darunter viele Gräber mit Silbergefäßen, Teppichen, Seide und Jade. Die Summe der verfügbaren Beweise belegt ohne jeden Zweifel, dass die Hsiung-nu bereits im 2. Jahrhundert v. Chr., wenn nicht sogar eher, eine komplexe und hierarchisch strukturierte Gesellschaft gebildet hatten und keineswegs ein Nomadenvolk waren. Die archäologischen Beweise widersprechen eindeutig chinesischen Quellen. Der Aussage: „Die Hsiung-nu hatten keine Städte, keine Siedlungen, keine Landwirtschaft, sie konnten nicht säen und waren nur Jäger" ist viel zu viel Beachtung geschenkt worden. Was östlich des Baikalsees zutage tritt, ist eine auf einer vielseitigen Wirtschaftsstruktur basierende Kultur. Diese neuen Informationen stellen die Ansichten, die man seit der Zeit des späten Römischen Reiches über die Steppenvölker hatte, ernsthaft in Frage. Sie stellen aber auch die Verbindung

---

4 A. Davydova, *Ivolga Fortress. Archaeological Sites of the Hsiung-Nu I*, Moskau, 1998, II, 1996; S. Miniaev, *Derestuj Burial Ground*, Moskau, 1998.

der Hsiung-nu mit den Hunnen in Frage, von der man zwar lange ausging, die man aber nie eindeutig belegen konnte. Die neuen Erkenntnisse über die Hsiung-nu zeigen eine sesshafte Gesellschaft mit gemischter Ökonomie, die sich von der Gesellschaft der Hunnen zur Zeit ihres Einfalls in Europa stark unterscheidet.

Für diese Diskrepanz gibt es verschiedene Erklärungsmöglichkeiten. Zum einen könnten die chinesischen oder spätrömischen Quellen falsch oder absichtlich verfälscht worden sein. Zum anderen könnten die Hunnen, die nach Westen zogen, sich auf der Suche nach neuen Gebieten von den Hsiung-nu abgespalten haben, oder, drittens, es gab nie eine Verbindung zwischen den Hsiung-nu und den Hunnen. Letztere Hypothese muss man ernst nehmen, obwohl die Möglichkeit, dass einige Gruppen auf der Suche nach besseren Wirtschaftsmöglichkeiten als sie die zentralasiatischen Steppen boten, westwärts gewandert waren, einiges für sich hat.

Einer der bestpublizierten Friedhöfe von Steppennomaden in Mittelasien liegt bei Kokel in Südsibirien am Fuße der Iskin-Arazy-Hügelkette.[5] Auch wenn es noch nicht vollständig ausgegraben ist, ist das Gräberfeld von Kokel ungewöhnlich interessant, da es aus verschiedenen Bestattungen besteht, von großen Holzkammern *(kurgan)* bis zu einfachen Grabgruben, und über einen längeren Zeitraum vom 2. Jahrhundert v. Chr. bis ins 1. Jahrhundert n. Chr. belegt wurde. Die Gegend um Kokel ist weder gastlich noch fruchtbar und lässt vermuten, dass seine Bewohner hierhin vertrieben und durch die Züge der Hunnen nach 200 v. Chr. isoliert wurden. Die Grabbeigaben von Kokel sind alles andere als reichlich und feinere Goldobjekte wurden nur bei älteren Männern gefunden. Die Mehrheit der Gräber enthielt nur einfache Gaben, Keramik, persönlichen Schmuck, Messer, Holzgefäße, Bronzegefäße mit Griffen sowie Waffen, vor allem Bogen, Pfeile und Speere.

Kokel bietet uns den besten Überblick über eine Nomadengesellschaft während mehrerer Jahrhunderte. Die menschlichen Überreste zeigen deutlich die rauen Bedingungen der Steppe. Die Lebenserwartung war für Frauen wie Männer gleichermaßen niedrig. Die Sterblichkeitsrate bei Kindern zwischen zwei und sechs Jahren war sehr hoch und bei Säuglingen wahrscheinlich sogar noch höher; tatsächlich wurden nur so wenig Säuglinge auf dem Friedhof gefunden, dass eine selektive Kindstötung wahrscheinlich erscheint. Nur ein sehr kleiner Teil der Bevölkerung wurde 60 Jahre alt. Schafzucht und die Haltung einiger Pferde bildeten die wirtschaftliche Grundlage der Gemeinschaft, andere Tiere wurden nicht gehalten. Zwar wurden einige kleinere Tiere gejagt, doch dürften sie wenig zur Wirtschaft beigetragen haben. Eisen gab es im Überfluss, andere Metalle waren rar. Auch Importe gab es nur begrenzt. Für mögliche Kontakte mit Ackerbau betreibenden Gesell-

5 R. Kenk, *Das Gräberfeld in der hunno-sarmatischen Zeit von Kokel, Südsibirien*, München, 1984.

schaften gibt es keine Belege. Die Gemeinschaft von Kokel war, wenn nicht innovativ, so doch stabil, in drei Jahrhunderten zeigte sich keine Entwicklung und die Verbindungen zur Außenwelt waren eher die Ausnahme.

Ihre Mitglieder dürften wenig von den Aktivitäten der Sarmaten weit im Westen gewusst haben, oder gar von der zunehmenden Stärke der Hunnen.

Wandel im Westen I: Gallien und Britannien

Die Veränderungen in den westlichen Provinzen Roms begannen um die Mitte des 3. Jahrhunderts n. Chr.[1] An den Grenzen von Donau und Rhein wurden größere Angriffe gestartet und die Grenzlinie zwischen Mittelrhein und oberer Donau wurde 260–1 n. Chr. aufgegeben. Die Küsten Galliens und Britanniens wurden immer stärker von seefahrenden Horden aus dem Norden bedroht, die bislang friedlichen gallischen Provinzen wurden 30 Jahre lang von zerstörerischen Invasionen heimgesucht, und neue Barbarenscharen versammelten sich vor den Grenzen und begannen für die Sicherheit der Provinzen und die Effektivität ihrer Verteidigungskräfte zur zunehmenden Bedrohung zu werden. So wundert es kaum, dass etwa um 260 n. Chr. Gallier und Germanen den militärischen Usurpator Postumus und das abtrünnige Reich der Gallier, Britannier und – zumindest dem Namen nach – Spanier, unterstützten.

Die Herrscher des Gallierreiches mussten viel Zeit darauf verwenden, Barbarenübergriffe von der Ostseite des Rheins abzuwehren und Löcher in ihren Grenzen zu stopfen. Dafür, dass es sich bei diesen Angriffen um eine Völkerwanderung handelt und nicht um größere Überfälle, gibt es keinen Beweis. Die meisten dieser Überfälle fanden in Nord- und Mittelgallien statt, obwohl auch Nordspanien verwundbar war. Zwischen 250 und 280 n. Chr. wurden viele Münzschätze in Gallien der Erde anvertraut, ein deutlicher Hinweis auf die herrschende Unsicherheit und die allgegenwärtige Zerstörung. Versuche, die Routen der Eindringlinge anhand dieser Schätze nachzuvollziehen, sind nicht überzeugend, aber die Funde am Rhein machen deutlich, wie weit verbreitet diese Überfälle waren.

Bei Neupotz, ungefähr auf halbem Wege zwischen Mainz und Straßburg, wurde eine ungeheure Menge an Objekten, meist aus Metall, aus dem Schlick des Flusses geborgen.[2] Dieses Material versank zweifellos auf einmal im Flussbett, wahrscheinlich beim Untergang eines Bootes oder Floßes. Die Vielfalt der Objekte ist erstaunlich, sie reicht von Waffen, Geschirr, Spiegeln, Keramik, Pferdegeschirr, Wagenteilen, Werkzeug, Schlössern, Fesseln und Glocken bis hin zu Münzen. Die Objekte scheinen alle provinzialrömischen Ursprungs zu sein und wurden wahrscheinlich aus Häusern im nordöstlichen Gallien zwischen Seine

1 E. Demougeot, *La formation de l'Europe et les invasions barbares*, 1979; E. Wightman, *Gallia Belgica*, 1985; J. Drinkwater, *The Gallic Empire*, 1987.

2 E. Künzl, *Die Alamannenbeute aus dem Rhein bei Neupotz*, 1993.

und Mosel erbeutet. Man kann den Zeitpunkt, zu dem dieses Beutegut versank, ziemlich exakt bestimmen. Die jüngste der 39 Münzen ist eine frische Prägung von Probus aus dem Jahr 277 n. Chr., die misslungene Überfahrt fand in diesem Jahr oder kurz darauf statt. Für den Fund von Neupotz gibt es einen überzeugenden historischen Kontext. Im Frühsommer 277 n. Chr. begann Probus, Gallien von den räuberischen Horden der Franken und Alamannen zurückzuerobern. Die Operation dauerte bis in die ersten Monate des Jahres 278 n. Chr. und könnte der Grund für diesen fehlgeschlagenen Rückzug sein. Bei Hagenbach, Mechtersheim und Otterstadt wurden noch einige andere Hortfunde römischen Materials aus dem Fluss geborgen, was vermuten lässt, dass hier eine beliebte Furt für die Alamannen und andere Räuber war. Bei Neupotz jedoch findet sich auf einen Schlag das beste Zeugnis für die Überfälle auf Gallien in den Jahren nach 270 n. Chr.

Die Alamannen

Es lag nicht an einer organisierten Invasion auf römisches Territorium, dass die Römer um 260 n. Chr. ihre Grenze aufgaben. In den mittleren Jahrzehnten des 3. Jahrhunderts wurden von mehreren Völkern und Kriegergruppen einige Breschen in die Grenze geschlagen, deren Ziele ebenso unterschiedlich waren wie ihre Zusammensetzung. Einige Invasoren stießen im Moseltal westwärts nach Trier vor, andere zogen südlich über die obere Donau in die Voralpen, wobei sie den Vorteil nutzten, dass sich das römische Heer zurückzog, um sich dem wiedererstarkten Persischen Reich zu stellen. Als die römischen Einheiten zurückkehrten, wurden die Barbaren zurückgeschlagen und blieben nördlich einer Linie, die sich vom Rhein zur Iller und Donau zog, und die nicht nur eine besser zu verteidigende Grenze darstellte als der alte Limes, sondern auch der militärischen Realität der Zeit besser gerecht wurde. Gegen die Plünderer setzten die Römer nun mobilere Streitkräfte ein, deren Effektivität sich schon 258 n. Chr. zeigte, als Kaiser Gallienus am Oberrhein einen größeren Sieg gegen die Alamannen errang.

Trotzdem stand den Alamannen das Land zwischen dem alten Limes und Rhein und Donau zur Besiedelung offen, auch wenn dies nicht zu einer regelrechten Besetzung früheren römischen Territoriums führte.[3] Dieser Prozess dauerte Jahrzehnte und folgte keinem bestimmten Schema. Der Grund dafür liegt hauptsächlich in der politischen Struktur des alamannischen Bündnisses. Gerade weil die Alamannen eine Gruppe von Kriegsbanden ohne lange Traditionen und ohne eine Geschichte um ein zentrales Königtum waren, hatten sie nicht den Drang, im großen Stil Gebiete zu erobern. Das vordringliche Ziel der Alamannenkrieger im späten 3. und 4. Jahrhundert waren immer noch Überfälle und Plünderungen.

3 R. Christlein, *Die Alamannen*, 1978; W. Hartung, *Süddeutschland in der frühen Merowingerzeit*, 1983.

Runder Berg, Urach (Süddeutschland). Eine Alamannenfestung des 3. und 4. Jahrhunderts n. Chr.

Der Aufgabe der römischen Grenze zwischen Rhein und Donau folgte nicht sofort eine Bewegung der Alamannen und Sueben nach Süden. Eine verlassene römische Villa bei Praunheim nahe der Römerstadt Nida (Heddernheim) wurde von Neuankömmlingen besiedelt und Teile des Gebäudes erneuert. Im Großen und Ganzen scheinen die Alamannen jedoch neue Siedlungsplätze gesucht zu haben, obwohl einige davon nahe bei den ehemaligen römischen Zentren liegen. Ein solcher Ort ist das Römerlager bei Hüfingen, das auch unter den Alamannen seine Bedeutung als Machtzentrum beibehielt. Nach 400 v. Chr. wurde das Lager verlassen, aber die Ostseite des Hügels wurde von den Alamannen ab dem späten 5. Jahrhundert als Begräbnisort genutzt. Einer dieser Friedhöfe bestand aus einem ausgedehnten Reihengrabkomplex, der ab ca. 500 v. Chr. für etwa zwei Jahrhunderte in Gebrauch blieb. Ein weiterer Friedhof war völlig anders angelegt. Ein Grab darin befand sich in einer Holzkammer in Form eines kleinen Hauses. Es wurde in der Antike geplündert, doch der verbleibende Inhalt macht deutlich, dass es einen Mann von Rang beherbergte. Offensichtlich war der Friedhof im frühen 7. Jahrhundert die Grabstätte einer höher gestellten Familie. Danach begrub die Familie ihre Angehörigen wahrscheinlich in oder nahe der örtlichen Kirche. Dieses Muster der Bestattungen wiederholt sich vielerorts in Südgermanien und Ostgallien. Es bezeichnet eine anfängliche Anziehungskraft der früheren römischen Stätten und eine kontinuierliche Loslösung davon nach 500 n. Chr.

Auch wenn es scheint, dass einige Orte in den *agri decumates* von den Alamannen kampflos übernommen wurden, wurden sicherlich auch größtenteils ungeschützte Siedlungen vernichtet. Die Dörfer bei Walheim und Bad Wimpfen wurden teilweise zerstört und im späten 3. Jahrhundert fanden mehrere Villen ein plötzliches und wahrscheinlich gewaltsames Ende. Bei Harting in Bayern wurden die Bewohner eines

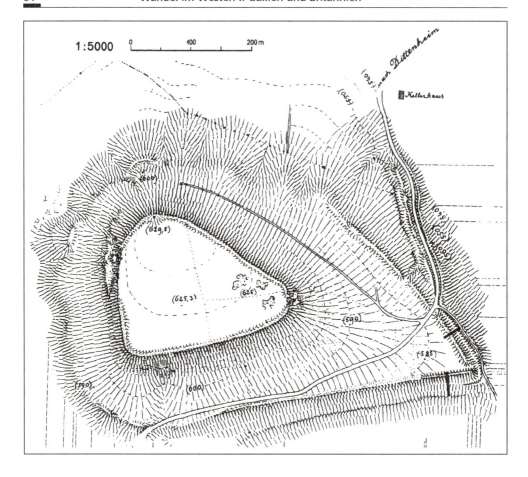

Gelber Berg, Dittenheim (Süddeutschland). Eine später von Alamannen besetzte Festung. 4. bis 5. Jahrhundert n. Chr.

Landhauses brutal ermordet und ihre Leichen in einen Brunnen geworfen – wahrscheinlich kein Einzelfall.

Nichts macht die Unterschiede unter den Alamannen deutlicher als die Namen der einzelnen Gruppen und ihrer Anführer. Die Namen vieler Fürsten sind überliefert, doch keiner von ihnen konnte außerhalb seiner Gruppe Macht erlangen und man weiß von keinem, der seine Macht an Nachkommen weitergegeben hätte. Auch wenn sich diese kleineren Fürsten bei allgemeinen Treffen sahen und Abkommen untereinander und mit den römischen Befehlshabern trafen, waren sie vor dem 5. Jahrhundert doch keine zentrale Macht mit einem anerkannten König. Die Gebietsnamen belegen die Unterschiede. So hören wir von den Lentientes aus dem Linzgau am Bodensee, den Brisigavi vom Oberrhein (Breisgau) und den Raetovarii (den Raetern) um Nördlingen, alles Namen die von den Gebieten, in denen sie siedelten, abgeleitet waren, und nicht von Fürsten. Daraus muss man schließen, dass persönliche oder familiäre Macht weniger wichtig war als Landbesitz. Gegenüber den Römern hatten die Alamannen dadurch keinen großen

Nachteil. Sie konnten immer noch in römische Dienste treten. Doch bei ihrer späteren Konfrontation mit den Franken war ihre Zersplitterung ganz entschieden ein Nachteil.

Zwar stieg kein Alamannenfürst zu einem solchen Rang in der römischen Welt auf wie einige Frankenherrscher, doch manche von ihnen kamen zu hohen Ämtern und großer Macht innerhalb der Strukturen des Imperiums.[4] Etwa zur Mitte des 4. Jahrhunderts gab es drei herausragende alamannische Befehlshaber im Westen. Ihre Position mag Neid

4 M. Waas, *Germanen im römischen Dienst*, 1969.

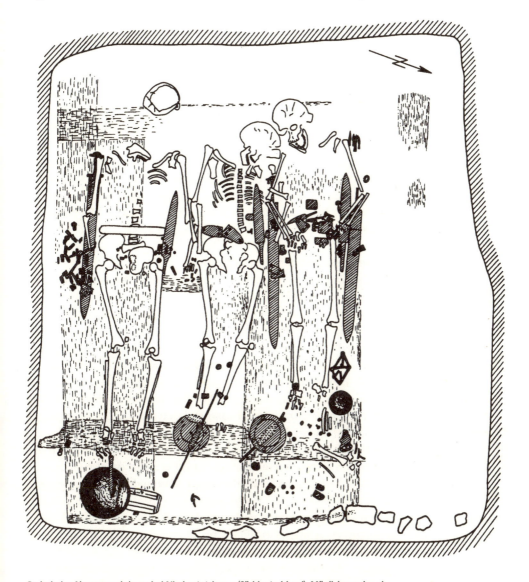

Grab dreier Alamannenkrieger bei Niederstotzingen (Süddeutschland). Möglicherweise ein Fürst und zwei Gefolgsleute. Ca. 600 n. Chr.

herausgefordert haben, denn es wurde gemunkelt, dass sie noch immer mit den Alamannen jenseits der Grenzen konspirierten. Einige Zeit später übte ein Alamannenkönig, Fraomar, Verrat an seinem Volk, floh ins Römische Reich und wurde später nach Britannien geschickt, um dort eine alamannische Einheit der römischen Streitkräfte zu befehligen. Solche Geschichten illustrieren die komplexen Beziehungen zwischen der Elite der Barbaren und der römischen Welt, die zwar mächtig, aber zunehmend auf Unterstützung durch Einsatzkräfte von außen angewiesen war. Einzelne folgten innerhalb des Römischen Reiches ungewöhnlichen Pfaden. Wir hören von einem alamannischen König, der den jüdischen Glauben annahm und von einem anderen, der dem ägyptischen Gott Serapis huldigte. Der alternde Lehrmeister der Rhetorik Ausonius erwarb ein junges Alamannenmädchen, das ihn so faszinierte, dass er ihr die Freiheit schenkte. Grenzen verschiedener Art begannen in gleichem Maße zu bröckeln, wie das Gefüge der Stammesgesellschaften, die mit ihnen in Kontakt traten. Da es kein groß angelegtes Invasionsbestreben bei den Alamannen gab, um sich eine Machtbasis zu schaffen, zeugt ihre spätere Geschichte von immer größeren Kämpfen gegen mächtige Nachbarn, vor allem gegen die Franken aus Gallien und dem Rheinland. Selbst unter diesen Umständen entwickelte sich bei den Alamannen keine zentralisierte Macht und sie gingen mit der Zeit in den benachbarten Völkern auf, ohne jedoch ganz zu verschwinden.

Niederrhein und nördliches Gallien

Aus der Zeit vor der Mitte des 5. Jahrhunderts gibt es nur wenig archäologische Spuren der Germanen von der Ostseite des Rheins, die sich in den römischen Provinzen niedergelassen hatten. Die frühen Siedler brachten nur wenig materielle Güter mit sich. Ihre fast vollständige Integration in die Kultur der Provinzbevölkerung ging sehr schnell vor sich. Auf dem Friedhof von *Gelduba* (Krefeld-Gellep) aus dem 4. Jahrhundert weisen ein paar germanische Fibeln von ca. 350 n. Chr. auf Frauen hin, wahrscheinlich Begleiterinnen von Kriegern, die die römische Grenzarmee verstärkten. Doch aus der Zeit vor dem späten 4. Jahrhundert findet sich nur wenig mehr.[5]

5 R. Pirling, *Das römisch-fränkische Gräberfeld von Krefeld-Gellep I*, 1966; *II*, 1974; *III*, 1979.

Die neue Kommandostruktur der Römer, wie sie von Diokletian und später von Konstantin ausgearbeitet wurde, ist für das Verständnis der militärischen Lage am Niederrhein im 4. Jahrhundert ausschlaggebend. Zwischen 293 und 305 n. Chr. standen die beiden unteren germanischen Provinzen unter dem Befehl des militärischen Führers Valerius Concordius. Später, nach 325 n. Chr., überwachte ein Kommandeur die Grenzverteidigung und ein anderer kontrollierte die Küstenbefestigungen, die *tractus Armoricani et Nervicani*. Der zunehmende Einsatz mobiler Feldarmeen seit dem späten 3. Jahrhundert bedeutete zwangsweise, dass die Unterscheidung zwischen diesen beiden Kommandos im Notfall aufgehoben werden konnte. Die Verteidigung der Küste Galliens spielte seit dem späten 3. Jahrhundert eine immer größere Rolle. Die Machtergreifung des Carausius war ein fast so deutliches Warnsignal wie die Überfälle von Franken und Sachsen von der See aus. Aufgrund der Veränderungen der Küstenlinie sind die Befestigungen heute nur noch selten zu lokalisieren. Die bekannteste ist eine rechteckige, steinerne Befestigung mit vier Toren und hervorstehenden Rechtecktürmen bei Oudenburg in Belgien, an der alten Küste, die heute 6 km im Inland liegt. Angelegt wurde sie im späten 3. Jahrhundert als Erdwall, im frühen 4. Jahrhundert jedoch in Stein ausgebaut. Die Ähnlichkeit mit einigen Sachsenfestungen an der Südküste Englands ist markant. 35 km nordöstlich davon, bei Aardenburg, befindet sich eine weitere regulär geplante Anlage, die jedoch wohl nicht bis ins 4. Jahrhundert besetzt war. Im 2. und 3. Jahrhundert waren römische Einheiten in einer Festung bei Brittenburg in der Nähe von Katwijk an der alten Rheinmündung, die im Meer versunken ist, stationiert. Wie eine Radierung aus dem 16. Jahrhundert zeigt, war sie wie ein befestigtes Römerlager angelegt, doch lässt sich dies heute nicht mehr nachweisen. Weitere Befestigungen gab es wohl bei Brügge, das nach Überlieferungen im 4. Jahrhundert besetzt wurde, sowie an einer ehemaligen Meeresbucht bei Cassel. Auch die Mündung der Schelde wird wohl kaum ungeschützt gewesen sein, auch wenn bislang keine Spur einer Befestigung nachgewiesen wurde.

Den Städten am Niederrhein ging es im 4. Jahrhundert schlecht. *Ulpia Noviomagus* (Nijmegen) wurde 300 n. Chr. praktisch aufgegeben. *Colonia Ulpia Trajana* (Xanten) litt im 4. Jahrhundert stark und 350 n. Chr. wurde im Stadtzentrum ein kleines, quadratisches Lager errichtet. Das Leben in der Stadt war jedoch wohl bereits lange davor zum Erliegen gekommen. In Köln ist die Lage nicht ganz so klar. Angriffe der Franken um 352–5 n. Chr. richteten verheerende Schäden an der Grenze an, die möglicherweise auch Köln betrafen. Dass Silvanus, der *magister militum* in Gallien, dort die Macht an sich riss, komplizierte die Lage nur. Er war fränkischen Ursprungs, sein Vater Bonitus war einer der Generäle Konstantins. In einer wirren Zeit hatte er sich zum Kaiser erklärt, möglicherweise, um sich selbst zu schützen. Danach überlegte er, bei den Franken östlich des Rheins unterzuschlüpfen, fürchtete jedoch, dass sie ihn entweder töten oder wieder dem römischen Imperium ausliefern würden. Er wurde später von seinen eigenen Soldaten getötet, die vom westlichen Befehlshaber Ursicinus bestochen worden waren. Im Falle des Silvanus gab es zwischen den Franken in römischen Diensten und denen außerhalb des Imperiums kein Gefühl der Zusammengehörigkeit.

Köln diente nach 350 n. Chr. sicherlich als Basis für militärische Operationen und zivile Gebäude wurden nun militärisch genutzt. Von Zeit

Wandel im Westen I: Gallien und Britannien

Spätrömische Militärgürtelbeschläge, wie sie von den Germanen in römischem Dienst getragen wurden und eine fränkische Fibel mit abgeleitetem Ornament. Rheinland. Frühes 5. Jahrhundert n. Chr.

zu Zeit wurden hier Soldaten der Feldarmee *(comitatenses)* stationiert. Fünf Grabsteine von Soldaten, die auf dem Friedhof von St. Gereon gefunden wurden, nennen die beteiligten Einheiten: *equites promoti, protectores, gentiles* und die *schola armaturarum*. Einer der *protectores* wurde bei einer Operation östlich des Rheins von einem Franken getötet. Die Legionen *I Minervia* und *XXX Ulpia Victrix* werden im späten 4. Jahrhundert nicht erwähnt. Man muss daher annehmen, dass sie wahrscheinlich seit 352–5 n. Chr nicht mehr existierten. Als Kaiser Julian 356 n. Chr. vom Oberrhein kam, fand er nur zerstörte Städte vor, außer bei *Rigomagus* (Remagen) und einem Wachturm bei Köln.

Südlich der Straße Boulogne-Bavay-Köln, im Tal der Maas und in den Ardennen, boten ländliche Lager, besetzt mit einheimischen Einheiten und eingewanderten Barbarengruppen, örtlich Schutz. Die erste schriftliche Erwähnung finden die in römischen Provinzen angesiedelten Barbaren im späten 3. Jahrhundert. Die frühen Siedler, *laeti*, wurden zuerst auf privaten Ländereien angesiedelt, später jedoch auf speziell für sie freigegebenem Land, *terrae laeticae*. *Laeti* standen für den Militärdienst zur Verfügung und einige Einheiten mit lokalen Namen setzten sich wahrscheinlich aus diesen frühen Siedlern und ihren Nachkommen zusammen. Sie markieren eine bedeutende Entwicklung bei der Grenzverteidigung und den Beziehungen zwischen den traditionellen Grenzkräften und den Völkern außerhalb. Die Politik solcher Einsatzmöglichkeiten wurde wahrscheinlich unter Kaiser Gallienus in den späten 260er-Jahren angeregt, die hauptsächliche Entwicklung fand jedoch 30 Jahre später unter den Tetrarchen statt. Die Namen der rekrutierten Gruppen weisen, soweit bekannt, auf die Beteiligung der Völker nahe des Rheins hin. In zunehmendem Maße wurden dann Rekrutierungen aus den *laeti* und den Völkern östlich des Rheins vorgenommen. Einmal eingeführt, entwickelte sich diese Politik rasant. Doch hinter den Gruppen an der Rheingrenze standen die mit einer expansiveren Zielsetzung und im nächsten halben Jahrhundert begannen sie, ihren Zug zu machen.

Im nördlichen Gallien begannen sich immer mehr Germanen niederzulassen.⁶ Gruppen von der Ostseite des Rheins wurden in Stellungen angesiedelt, von denen aus sie zur Sicherheit des Landes beitragen konnten. Bei Furfooz in Südbelgien bewohnte im späten 4. Jahrhundert und auch danach eine kleine Zahl germanischer Familien, Angehörige von Kriegern, eine von einem Steinwall umgebene Hügelfestung. Im mittleren Maastal, bei Vireux-Molhain, hielt im frühen 5. Jahrhundert eine Gruppe Germanen eine andere Festung.⁷ Diese Besetzung endete ca. 430 n. Chr., möglicherweise wegen der einfallenden Franken. Weiter unten an der Maas, bei Neerharen-Rekem und Donk, nahmen oder erhielten Einwanderer im späten 4. Jahrhundert Land auf den früheren Ländereien. Diese Gruppen waren klein, aber hielten unter Umständen Verbindung mit anderen östlich des Rheins.

Andere Einwanderer kamen an Niederrhein und Maas über die römischen Grenzen. Bei Gennep im holländischen Limburg bildete sich eine größere germanische Siedlung an einer bisher noch nicht besetzten Stelle. Über 100 Grubenhäuser und andere nicht-römische Gebäude deuten auf eine größere Gemeinschaft hin. Es ist unklar, ob diese Einwanderer gleich über den Rhein gekommen waren oder aus in früheren Jahrzehnten gebildeten Enklaven kamen. Die spätrömischen Siedlungen an den unteren Läufen von Rhein und Waal in Holland waren für ankommende Siedler offensichtlich attraktiv und man weiß von mehreren Orten, die die Germanen wieder besiedelt hatten, da sie nach der Aufgabe der alten römischen Grenzen ungeschützt lagen.

Eine der aufschlussreichsten Stätten für die Präsenz der Franken am Niederrhein ist das große Gräberfeld von *Gelduba* (Krefeld-Gellep) außerhalb des römischen Lagers und des *vicus*.⁸ Seine Bedeutung liegt gleichermaßen in der kontinuierlichen Nutzung des Friedhofes von der späten Römerzeit bis ins 8. Jahrhundert wie auch im Inhalt der Gräber, der sehr informativ ist. Im 4. Jahrhundert vermehrte sich die Anzahl der Bestattungen, von denen die meisten in Ost-West-Richtung ausgerichtet sind und nur sehr wenige oder gar keine Grabbeigaben beinhalten. Je später das Grab, desto weniger Grabbeigaben waren zu erwarten. Die Objekte, die den Toten mitgegeben wurden, waren abgesehen von einer vergoldeten Scheibenfibel aus Silber, die wohl im frühen 4. Jahrhundert eindeutig östlich des Rheins entstanden war, nicht bemerkenswert. Doch etwa um 400 n. Chr. änderte sich die Art der Gräber auffallend. In den Gräbern von Männern fanden sich Gürtelteile, Messer und gelegentlich auch größere Waffen, in denen der Frauen Fibeln und Armreifen. In den Jahren zwischen 400 und 425 n. Chr. nahmen die germanischen Elemente zu. Gürtelbeschläge aus Metall treten, zusammen mit Wurfäxten und Pfeilen, in den Vordergrund. Zu den persönlichen Schmuckstücken gehören Scheibenfibeln, einige Tutulusfibeln und zumindest ein Schmuckstück aus den östlichen germanischen

6 H.-W. Böhme, *Germanische Grabfunde des 4. bis 5. Jahrhunderts zwischen unterer Elbe und Loire*, 1974, ist der Klassiker. Spätere Funde haben ihn nur bestätigt.

7 J.-P. Lémant, *Le cimetière et la fortification du bas empire de Vireux-Molhain*, 1985.

8 R. Pirling, *Das römisch-fränkische Gräberfeld von Krefeld-Gellep I*, 1966; II 1974; III 1979, Anm. 5.

Ländern. Es gibt keinen Zweifel daran, dass sich unter dieser Bestattungsgruppe Franken und andere Menschen aus den Ländern östlich des Rheins befanden. Nach 440 n. Chr. nimmt die Belegung zwar ab, ist aber nicht unterbrochen. Der Friedhof wurde im späten 5. Jahrhundert geteilt, wobei die frühere Anlage zwar weitergeführt wurde, aber nun etwa 140 m weiter östlich ein neues Zentrum erhielt. Der neue Friedhof enthielt Frankengräber, von denen einige reich ausgestattet waren, aber schon in der Frühzeit ausgeraubt wurden. Nur ein Grab blieb intakt, möglicherweise ein Gründungsgrab und ein zentraler Punkt des Friedhofes im 6. Jahrhundert.

Diese direkte Fortführung aus der späten Römerzeit bis in die frühe fränkische Periode scheint gegenwärtig eine Ausnahme zu sein, doch muss man weitere Entdeckungen abwarten. Die hohe Kontinuität vom 4. bis zum 6. Jahrhundert ist das auffälligste Merkmal des *Gelduba*-Friedhofes. Drei stark unterschiedliche Phasen sind zu verzeichnen. Die erste, von der Mitte bis zum späten 4. Jahrhundert, wird durch eine Kriegergruppe repräsentiert, die wahrscheinlich die germanische Verstärkung der römischen Grenzstreitkräfte darstellte. Im späten 4. und frühen 5. Jahrhundert folgte zunehmend der Zuzug von Siedlern von der östlichen Rheinseite und ihre Integration in der verbliebenen Provinzbevölkerung. Nach der Mitte des 5. Jahrhunderts begann eine neue gesellschaftliche Ordnung, in der Kriegerfürsten eine Vormachtstellung innehatten, und die im 6. Jahrhundert vollständig etabliert war. Es muss nicht einmal große Züge von Franken und anderen Völkern aus den Gebieten östlich des Rheins gegeben haben. Das Material in *Gelduba* lässt sich durchaus auch durch die Ankunft einer kleinen Gruppe von Familien und ihrem Gefolge erklären. Diese Möglichkeit wird durch Beobachtungen an anderen Stellen am Niederrhein gestützt. Um Köln herum, eine der besterforschten Gegenden im Rheinland, gibt es beispielsweise nur wenig Material aus dem 5. Jahrhundert, das sich mit Siedlern von jenseits des Rheins in Verbindung bringen lässt, ein Bild, das sich erst im 6. Jahrhundert ändert. Andere vergleichbare Orte wie Neuss und Bonn wiesen auch nicht mehr Zeugnisse für eine fränkische Besiedelung im 5. Jahrhundert auf. Auch in und um Trier gibt es nur wenig Anzeichen für eine größere Einwanderung vor 500 n. Chr., auch wenn zumindest Teile der Stadt weiter bewohnt wurden.

Doch Berichten zufolge gehörte Trier im Jahre 496 n. Chr. zu *Francia Rinensis* (Rheinland-Franken). Aus dem 5. Jahrhundert wird von Angriffen der Franken auf die Stadt berichtet, und etwa in der Mitte des 5. Jahrhunderts siedelten zumindest kleine Gruppen von Franken in der Umgebung. In den 470er-Jahren residierte noch Arbogast, ein hoher römischer Offizier mit germanischen Vorfahren, in der Stadt und versuchte die Reste der römischen Verwaltung aufrechtzuerhalten. Er hatte keinen Nachfolger. Um 490 n. Chr. hatte der Frankenkönig

Chlodwig das mittlere Moseltal und Trier seinem Reich einverleibt. Danach nehmen die Zeugnisse für fränkische Besiedelung deutlich zu. Das geringe Vorkommen an fränkischem Material aus dem 5. Jahrhundert im Rheinland und Nordgallien lässt sich nicht mehr mit der unzureichenden Forschungslage begründen. Die Franken, die den Rhein überquerten und in die römischen Provinzen einwanderten, kamen ohne oder mit nur wenig kulturellem Gepäck und wurden schnell in die Kultur Nordgalliens integriert. Einige Handwerke waren noch aktiv genug, um die Ankömmlinge mit dem Nötigsten zu versorgen, vor allem mit Töpfer- und Glaswaren. Andere, von der Archäologie weniger gut dokumentierte Handwerke, wurden sicherlich auch noch weitergeführt.

In der Nähe des Mittelrheins gibt es andere Anzeichen für eine kontinuierliche Besiedelung und mögliche kulturelle Anpassung. Das spätrömische Lager bei Alzey wurde im frühen 5. Jahrhundert wahrscheinlich infolge der Invasion über den Rhein in den Jahren 406/7 stark zerstört. Doch der Ort wurde daraufhin nicht völlig aufgegeben. Germanische Siedler bewohnten ihn und blieben mehrere Jahrzehnte dort.[9] Auch die Gegend um Koblenz zeugt von fränkischen oder anderen germanischen Siedlern im 5. Jahrhundert, etwa um 440–60 n. Chr. Ein Friedhof bei Rubenach[10] enthielt Funde, die auf eine gemischte Bevölkerung hinweisen, wobei einiges Material weiter aus dem Osten stammt, vielleicht aus Thüringen, wo sich der fränkische Einfluss bemerkbar zu machen begann. Zu dieser Zeit dehnten die Franken ihre Macht über die Alamannen und ihre Verbündeten am Mittelrhein aus, in besonderem Maße durch einen wichtigen Sieg bei *Tolbiacum* (Zülpich) im Jahre 496 n. Chr. Danach erstreckte sich die fränkische Macht über das Rheintal hinaus nach Osten in Richtung Mittelgermanien und traf später auf Sachsen, Bajuwaren und Slawen.

In den archäologischen Aufzeichnungen finden sich als Ergebnis der Aushebungen militärischer Befehlshaber aus der Donauregion und ihrer hoch gestellten Verbündeten gelegentlich Verbindungen zwischen Gallien und dem Donauland. Ein Kriegergrab bei Pouan (Aube) mit zwei Schwertern und den dazugehörigen granatverzierten Scheiden, einem verziertem Gürtel und einem Torques aus Gold, ist denen im mittleren Donaugebiet zwischen 460 und 475 n. Chr. am ähnlichsten. Dies ist sicherlich zu spät, um eine Verbindung mit den Hunneninvasionen nahezulegen, vielmehr war der Bestattete von Pouan, ein Zeitgenosse Childerichs, wohl von einem fränkischen Herrn in Dienst genommen worden. Ein Bündnis, vielleicht durch eine Heirat besiegelt, könnte den Hintergrund für das Grab einer Edelfrau bilden, das bei Airan (Calvados) gefunden wurde. Wieder ist die Verbindung zur Donau klar, besonders bei zwei schönen Fibeln aus vergoldetem Silberblech mit farbigen Steinen in Cabochonschliff besetzt. Die Dame hatte

9 J. Oldenstein, *Bericht der Römisch-Germanischen Kommission* 67,1986, 289–356.

10 A. Wieczorek, *Bericht der Römisch-Germanischen Kommission* 68,1987, 353–492.

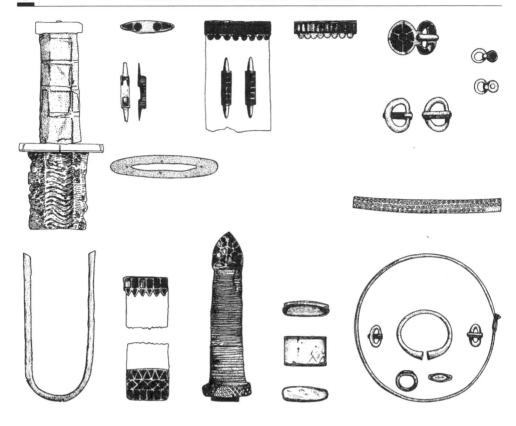

Reich ausgestattetes Grab bei Pouan (Aube) mit Gegenständen, die ostgermanische Merkmale aufweisen. Frühes 5. Jahrhundert n. Chr.

11 Material im Musée de Troyes. P. Perin und L.-C. Feffer, *Les Francs,* 1987.

außerdem einen Halsreif aus Gold, eine Goldnadel und eine schwere silberne Gürtelschnalle. Dieses Grab wurde um 400 n. Chr. angelegt und die Dame von Airan könnte mit den Einwanderern von 407 n. Chr. in Gallien angekommen sein, doch ist dies nur eine von vielen Möglichkeiten.[11]

Münzprägungen aus Edelmetall weisen oft auf gestörte Verhältnisse oder Krieg hin, und in Nordgallien und den Provinzen am Niederrhein zeugen Hortfunde von Gold- und Silbermünzen sowie anderen Objekten von einer Phase der Unruhe oder sogar von Invasionen in der Zeit zwischen 406 und etwa 430 n. Chr. Diese Funde treten beiderseits des Rheins auf und reichen bis zum Seinebecken. Eine Reihe von Schätzen, deren letzter aus dem Jahr 411 n. Chr. stammt, wurde hauptsächlich in Holland jenseits des Rheins und im Osten Germaniens gefunden. Einige von ihnen enthalten goldene Halsreifen sowie Münzen, die zweifellos von Germanen östlich des Rheins angefertigt wurden. Spätere Funde von beiden Seiten des Rheins, die wahrscheinlich 425–30 n. Chr.

vergraben wurde, enthielten wiederum hauptsächlich Gold. Schätze mit Bronzemünzen sind in den ersten Jahrzehnten des 5. Jahrhunderts selten und verschwinden dann ganz – seit dem späten 4. Jahrhundert eine zunehmende Tendenz in Gallien, die die Unfähigkeit der unteren sozialen Schichten, tragbare Reichtümer anzuhäufen, vermuten lässt, oder auch einen Trend weg von Münzen als Tauschmittel. Die Größe einiger Goldschätze am und jenseits des Rheins ist beeindruckend. In einem Schatz in Velp (Gelderland in Holland) fanden sich sieben goldene Halsreifen, eine große Zahl von *solidi* und fünf Goldmedaillons, drei von Honorius und zwei von Galla Placidia, die oft an hochrangige römische Offiziere vergeben wurden. Ein weiterer Hortfund bei Dort-

Deckblatt von J.-J. Chiflets Publikation des Childerichgrabes zusammen mit L. Lindenschmidts Rekonstruktion aus der Mitte des 19. Jahrhunderts

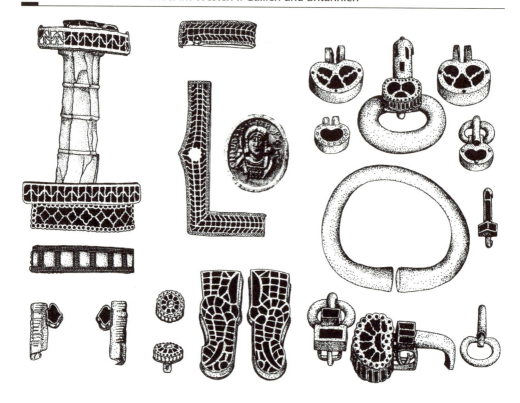

Die erhaltenen Gegenstände aus dem Grab Childerichs

mund enthielt drei Goldreifen, 440 *solidi* und einige Silbermünzen, ein anderer bei Xanten über 400 *solidi*. Diese beiden um 425 n. Chr. vergrabenen Schätze stellen große Vermögen dar und müssen während der Dienstzeit am Niederrhein oder durch äußerst erfolgreiche Beutezüge oder Erpressung zusammengetragen worden sein.

Die archäologischen Zeugnisse für die frühen Franken sind vor dem späten 5. Jahrhundert sehr spärlich. Das bedeutendste Zeugnis davon ist das Grab des Frankenkönigs Childerich bei Tournai aus dem Jahre 481–2 n. Chr., das 1653 n. Chr. ausgegraben wurde.[12] Dieses Grab lag in einem kleinen Friedhof außerhalb der Mauern der römischen Stadt Turnacum. Es ist das bisher früheste bekannte Grab eines fränkischen Fürsten und erhellt die ansonsten dunkle Phase der fränkischen Archäologie. Das Interessanteste an den Beigaben in Childerichs Grab ist das Licht, das sie auf die kulturellen und politischen Kontakte eines Frankenkönigs in der zweiten Hälfte des 5. Jahrhunderts werfen. Die massive Goldfibel entspricht denen, die unter den römischen Offizieren und anderen staatlichen Würdenträgern des späten Roms im späten 4. und 5. Jahrhundert weit verbreitet waren. Der Siegelring im rö-

12 J.-J. Chiflet, *Anastasis Childerici I*, 1655; E. James, *The Franks*, 1988.

mischen Stil stellt eine persönliche Verbindung mit der Welt der spätrömischen Elite dar und das Gleiche gilt wahrscheinlich für die Reste eines Mantels, der mit Goldbienen, besetzt mit Granaten, verziert war. Der Mantel zeigt möglicherweise Anklänge an das Imperium, als Rangabzeichen vom Kaiser in Byzanz verliehen, in Anerkennung des Königs als Verbündeten gegen andere Mächte im Westen. Die Bewaffnung spiegelt Childerichs Position als Kriegerfürst einer fränkischen Truppe wider. Die Menge römischer Silbermünzen zeigt den Schatz, den ein Kriegsherr am Rand der römischen Welt angehäuft hatte. Es braucht nicht allzu viel Fantasie, um in den imperialen Symbolen dieser Bestattung Zeichen der byzantinischen Politik im Westen zu erkennen. Zudem ist es nur ein kleiner Schritt hin zu der Vermutung, dass Childerich im Kaiserreich als verbündeter Herrscher anerkannt wurde. Der Friedhof, auf dem sich Childerichs Grab befand, wurde seit der frühen Römerzeit belegt. Hier wurden vom späten 5. bis zum 7. Jahrhundert fränkische Gräber angelegt. Zwischen 440 und 540 n. Chr. wurden hier auch Pferde bestattet, manche von ihnen nur 20 m von Childerichs Grab entfernt.

Im nordwestlichen Gallien lassen sich weitere germanische Siedler ausmachen. Bei Berry-au-Bac in der Picardie wurde von Neuankömmlingen eine neue Siedlung auf einem spätrömischen Landsitz errichtet, und bei Brebières im Pas-de-Calais ließ sich ca. 500 n. Chr. eine andere Gemeinschaft nieder, möglicherweise in Verbindung mit einem Machtzentrum in Vitry-en-Artois, das später zu einer königlich fränkischen Domäne wurde. Die fortdauernde Bedeutung der befestigten spätrömischen Zentren wird natürlich durch das Grab und den vermuteten Sitz des Frankenkönigs Childerich bei Tournai im Jahre 481 n. Chr. und durch die späteren Bestattungen von Königen und Edelleuten in St. Denis bei Paris und Köln bestätigt. Angesichts der Vormachtstellung alter römischer Städte und Dörfer als Machtzentren, wie die Schriften von Gregor von Tours nahelegen, ist dies nur zu erwarten.

Franken und Gallo-Römer

Die größte Schwierigkeit, vor die uns die auch in Spanien, Italien und England gelegenen Friedhöfe des 5. und 6. Jahrhunderts stellen, ist die Frage, in welchem Maße die üblicherweise als Friedhöfe der Franken oder Merowinger bezeichneten Grabstätten tatsächlich Gräber von Franken und anderen Germanen enthielten oder gemischte Bestattungen von Franken und den noch verbliebenen Gallo-Römern. Diese Frage stellte sich bereits im 19. Jahrhundert, geriet dann aber in Vergessenheit und wird heute neu betrachtet. Der Friedhof bei Dieue-sûr-Meuse in Lothringen weist unterschiedliche Grabbeigaben auf und die Lage der Toten in den Gräbern deutet sowohl auf fränkische als auch

Fränkische Keramik aus dem Rheinland. 5. und 6. Jahrhundert n. Chr.

Fränkisches Glas aus dem Rheinland. 5. und 6. Jahrhundert n. Chr.

gallo-römische Inhaber hin. An anderen Stellen in Lothringen, einem Gebiet, in dem es umfassende Aufzeichnungen über gut ausgegrabene Friedhöfe gibt, traten ähnliche Hinweise zutage.

Neben Gräbern mit offensichtlich germanischem Inhalt, ersichtlich an Bewaffnung, wertvollem persönlichem Schmuck (besonders in Frauengräbern) sowie Glas- und Keramikgefäßen, gibt es andere, in denen Kleidungsschmuck selten und einfach ist, Waffen eher ungewöhnlich (abgesehen von einem kleinen Messer), und in denen die Toten oftmals in einen Steinsarg gelegt wurden. Diese Unterschiede erhielten sich bis ins 7. Jahrhundert, danach nahm die Mehrheit der Bevölkerung ähnliche Begräbnissitten an, möglicherweise unter dem Einfluss der Christen. Einige Friedhöfe schienen ausschließlich von Gallo-Römern genutzt worden zu sein. Bei Verdun befanden sich zum Beispiel drei Friedhöfe mit vorwiegend gallo-römischen Merkmalen, während ein anderer zumeist die Gräber von fränkischen Kriegern enthielt. Der bemerkenswerte Friedhof bei Isle-Aumont (Aube) im oberen Seinetal bietet noch überzeugendere Beweise für eine erhaltene gallo-römische Begräbnisstätte. Sie entstand nach 500 n. Chr. und wurde in einem dicht besiedelten Gebiet bis in karolingische Zeit belegt. Von etwa 860 Gräbern enthielten nicht weniger als 600 Steinsärge.

Zu den Grabbeigaben in Isle-Aumont zählen durchweg Kleidungsornamente, einfacher Schmuck und Kosmetikartikel. Auf zahlreichen anderen Friedhöfen in Nord- und Mittelgallien gibt es nur wenige oder gar keine germanischen Funde unter den Grabbeigaben. Sie wurden oft einfach als ärmlich ausgestattete Friedhöfe abgetan, doch erscheint es plausibler, sie als Begräbnisstätten von Gallo-Römern zu betrachten, die den spätrömischen Brauch beibehielten, den Toten nur bescheidene Beigaben mitzugeben.

Es gibt noch weitere überzeugende Beweise für das Überleben der Provinzbevölkerung, zumindest in bestimmten Gegenden Galliens: den Beleg der Sprache. Im Moseltal um Trier weisen Wortrelikte im lokalen Dialekt auf die Existenz des Provinzlateins bis weit ins Mittelalter und darüber hinaus hin. Diese Wörter stehen hauptsächlich mit Wein, Weinanbau, Landwirtschaft und Pflanzen in Verbindung, den alltäglichen Anliegen der Talbewohner.

Die unterschiedlichen und oftmals verwirrenden Umstände, unter denen einige größere Wanderungen stattfanden, stehen im Fall einer der größten Bewegungen des 5. Jahrhunderts im Vordergrund: der Invasion der Sueben, Vandalen und Alanen in Gallien und Spanien. Hier handelte es sich um eine militärische Invasion, doch die Auswirkungen zeigen, dass auch Familien und andere Angehörige an den Zügen beteiligt waren. Der Anfang der Invasion wurde von Menschen gemacht, die bereits weite Strecken gewandert waren, bevor sie die Grenzen der römischen Provinzen überschritten. Es war eine komplizierte Wanderung und niemand konnte ihren Verlauf und ihr Ende vorhersehen.[13]

Diese Invasion des Westens nahm ihren Anfang nördlich der mittleren Donau. Der Einfall der Hunnen und ihrer Verbündeten in die Karpaten und das Theißbecken kurz nach 400 n. Chr. hatte einige Völker entwurzelt. Diese Gruppen hatten kaum die Möglichkeit, nach Süden in die römische Welt vorzudringen, ihnen boten sich viel versprechendere Wege nach Westen, nördlich der Alpen zum Rhein. Zu diesen Wanderern gehörten zwei Gruppen der Vandalen, Hasdingen und Silingen sowie Alanen und Sueben. Die Hasding-Vandalen waren in der alten römischen Provinz Dacia Nachbarn der Westgoten gewesen und in längeren Kämpfen von ihnen geschlagen worden. Gegen Ende des 4. Jahrhunderts war ihre Zahl gestiegen, und damit einhergehend ihr Verlangen nach einem größeren Siedlungsgebiet. Die Silingen-Vandalen waren schon früher gen Westen gewandert und eine beträchtliche Zahl von ihnen siedelte um 260 n. Chr. im Maintal. Die Vandalen, Sueben und Alanen verbreiteten sich etwa 20 Jahre, nachdem sie den Rhein überquert hatten, in Gallien, und ihre weitere Geschichte ist eng mit der Spaniens und Nordafrikas verbunden (siehe S. 96).

Zu den Gruppen von Einwanderern, die im Zuge der Invasion von 406/7 n. Chr. zum Mittelrhein vorstießen, gehörten auch die Burgun-

13 B. Krüger (Hrsg.), *Die Germanen II*, 1986, 379–442.

14 O. Perrin, *Les Burgondes*, 1986; B. Krüger; *Die Germanen II*, 1986, 361–79.

der.[14] Die Frühgeschichte dieses Volkes wurde lange Zeit von einem Gründungsmythos verschleiert, der ihren Ursprung in Südskandinavien sah, doch es ist wahrscheinlicher, dass sie zwischen den mittleren Läufen von Oder und Weichsel siedelten, wie Tacitus in seiner *Germania* angibt, und im 4. Jahrhundert nach Westen zur Elbe und zum unteren Main zogen. 407 n. Chr. wurden die Burgunder und die Alamannen als Protektoren der Mittelrheingrenze rekrutiert und dieses Abkommen wurde 411 n. Chr. von Kaiser Jovinus bestätigt. Zwei Jahre später erhielten die Burgunder von den Römern die Erlaubnis, westlich des Rheins, in der Gegend um Worms und Speyer, ein Königreich zu gründen. Ihr Anführer zu dieser Zeit hieß Gundahar, der erste Burgunderherrscher mit historischer Glaubwürdigkeit. Während der nächsten zwei Jahrzehnte blieben die Burgunder Verbündete Roms. Nach 430 n. Chr. versuchte Gundahar jedoch, sein Reich nach Westen zum Elsass und zu Lothringen hin auszuweiten, ein Zug, dem Aëtius, der römische Befehlshaber in Gallien, starken Widerstand entgegensetzte. Im Jahre 435 n. Chr. ging Aëtius sogar noch weiter und setzte eine Hunnenstreitkraft auf die Burgunder an, die ihre militärische Stärke vernichtete und die Bevölkerung des Königreiches stark verminderte. Erinnerungen an diese turbulenten Vorkommnisse wurden später an der mittleren Donau im *Nibelungenlied* wiedergegeben, etwa sieben Jahrhunderte nach der Katastrophe. Diese Geschichte wirkte noch hunderte von Jahren nach und inspirierte im 19. Jahrhundert unter anderem Richard Wagner.

Die folgende Wanderphase brachte die überlebenden Burgunder nach Sapaudia (Savoyen), wo ihnen Aëtius 443 n. Chr. in der Absicht, den Zug der Alamannen nach Gallien zu stoppen, Land zuwies. Die Invasion der Hunnen unter Attila im Westen war für die Burgunder im Jahr 451 n. Chr. eine weitere schwere Prüfung. Ihre Verluste in der Schlacht auf den Feldern von Katalanien waren schwer und die Niederlage der Hunnen bei der Begegnung brachte dem Königreich keine Atempause. Die Burgunder, die 407 n. Chr. östlich des Rheins geblieben waren, kamen nun in Scharen nach Sapaudia und das Reich wurde zur Rhone hin erweitert, einschließlich der Stadt Lyon. Doch in den 450er-Jahren begann sich die Macht der Franken nach Süden zu erstrecken und nach etwa 470 n. Chr. dehnten die Westgoten ihre Macht über Mittelgallien zur Rhone hin aus. Die Burgunder wurden immer mehr eingegrenzt und isoliert. Trotz des wachsenden Druckes von außen hielten sie ihre kulturelle Identität und erstaunlich starke Verbindungen mit der römischen Vergangenheit aufrecht. Dies war zu einem erheblichen Teil der Vorsicht und der Politik des Burgunderkönigs Gundobad zu verdanken, der um 480 n. Chr. die Macht ergriff und über 30 Jahre im Amt blieb. Zuvor war Gundobad ein Anhänger von Ricimer in Italien und er blieb auch nach dessen Tod noch dort. Zwischen 472 und 474 n. Chr.

war er außerdem der *magister militum* im Westen, musste Italien jedoch verlassen und kehrte nach Savoyen zurück. Als sein Onkel Chilperic um 480 n. Chr. starb, trat er das Thronerbe an.

Abgesehen von anstrengenden diplomatischen Bemühungen mit den Franken, West- und Ostgoten, verwandte Gundobad viel Zeit auf die Niederschrift der zwei Gesetzescodices in seinem Reich, einen römischen und einen germanischen Codex. Das Resultat war das 506 n. Chr. vollendete Gesetz der Burgunder. Dieser Codex spiegelt die im Allgemeinen guten Beziehungen zwischen der verbliebenen gallo-römischen Bevölkerung und der herrschenden Klasse der Burgunder wider. Der Codex der Burgunder war zweifellos das fortschrittlichste Rechtssystem, das zu dieser Zeit in einem germanischen Königreich erschaffen wurde. Doch die Zukunft des Königreiches, das es einführte, war trübe.

Die Unabhängigkeit der Burgunder überlebte Gundobads Tod im Jahre 516 n. Chr. nicht lange. Eingekeilt zwischen dem Reich der Franken und den Goten in Italien bat Gundobads Sohn und Nachfolger Sigismund in Byzanz um Hilfe und erhielt diese auch für einige Zeit. Aber das Bündnis konnte zu einer Zeit, in der sich die Macht zunehmend auf zwei Blöcke im Westen konzentrierte, kein dauerhaftes Überleben garantieren. 522 n. Chr. griffen die Goten und die Franken gemeinsam das Reich der Burgunder an. Nachdem seine Armee eine schwere Niederlage hinnehmen musste, wurden Sigismund und seine Familie von ihrem eigenen Volk den Franken ausgeliefert. Das Gebiet der Burgunder wurde erheblich verkleinert und blieb für fränkische Angriffe verwundbar. 534 n. Chr. schlugen die Franken die Streitkräfte der Burgunder erneut und teilten die Reste des Königreiches auf. Ab diesem Zeitpunkt existierten die Burgunder nicht mehr als eigene Macht.

Jenseits des Kanals

Es wurde bereits festgestellt, dass Völkerwanderungen verschiedene Formen annehmen können. Eine der eher längeren Wanderungen, die für das spätere Westeuropa tief greifende Konsequenzen haben sollte, war die, die nordgermanische Siedler in den Süden und Osten Britanniens führte. Piraten hatten Südbritannien bereits im 4. Jahrhundert überfallen, später in diesem Jahrhundert wurden Germanen von den römischen Streitkräften angeheuert, um die Insel zu verteidigen, wie es seit langem römischer Brauch war. Wie so viele andere kamen die ersten Nordgermanen als Rekruten der römischen Armee auf die Insel und dieser Prozess könnte sich bis ins frühe 5. Jahrhundert fortgesetzt haben. Andere, gemischte Gruppen, zu denen Franken und Friesen sowie Sachsen gehörten, kamen als Räuber im späten 4. Jahrhundert nach Britannien und führten ihre Angriffe im 5. Jahrhundert fort, wahrscheinlich nicht mit großer Stärke, dafür aber mit wachsender Wirkung, da die Verteidigung der Römer auf der Insel schwächer wurde und schließlich zusammenbrach. 408 n. Chr. wird ein größerer Angriff von „Sachsen" verzeichnet, zu einer Zeit, als die Sicherheitsmaßnahmen in Britannien auf ein Mindestmaß reduziert worden war. Zwei Jahre später gaben die Römer ihre Herrschaft über Britannien auf, um nie mehr wiederzukehren.[15]

Die frühesten Zeugnisse für germanische Siedlungen in Britannien finden sich in East Anglia, Lincolnshire und Kent. Das ist nicht überraschend, denn diese Gebiete mussten früheren Räubern bekannt gewesen sein. Zwar stützt sich die Datierung stark auf Metallobjekte und Keramik, doch sind Siedlungsplätze bekannt, die auf eine direkte Verbindung zwischen dem Osten Britanniens und Nordeuropa hinweisen. In manchen Fällen gibt es eindeutige Beweise für eine Kontinuität spätrömischer Siedlungen und sozialer Strukturen. Eine der frühesten erkennbar germanischen Stätten befindet sich bei Mucking (Essex) nahe des Themseufers auf dem Weg nach London. Einige der frühen Gräber sind Kriegerbestattungen mit Gürtelbeschlägen und anderen Gegenständen von etwa 400 n. Chr. oder kurz danach. Die überwiegende Mehrheit der Gräber entspricht denen, die im späten 4. und frühen 5. Jahrhundert in Nordgermanien auftreten und die Gebäude der Siedlung ähneln mehr germanischen Häusern als romano-britannischen Bauten. Es ist schwer zu glauben, dass die Einwanderer, die etwa 400 n. Chr. hier landeten, dies ohne die Erlaubnis der noch verbliebenen römischen Behörden in Britannien taten. Es erscheint plausibel, dass diese Gruppe in Mucking angesiedelt wurde, um der Gegend um London Schutz zu bieten. Da sich das römische Britannien kontinuierlich auflöste, lösten sich auch die Loyalitätsbindungen und öffneten den Weg für eine weiter verbreitete Besiedelung in und um London. In London selbst wurde in der Mansell Street das Grab einer germanischen Frau mit eindeutig germanischen Silberfibeln und einem Knochenkamm gefunden. Dicht daneben fand man den Gürtelbeschlag eines Soldaten. Die Präsenz von Zivilisten und anderen Angehörigen ist von besonderer Bedeutung und kann auch anderswo belegt werden. Eine zeitgleiche Siedlung von Germanen im östlichen Britannien ist in oder bei der römischen Stadt Caistor-by-Norwich (Norfolk) nachgewiesen.[16] Auf einem Friedhof mit Feuerbestattungen fand man Keramikurnen, welche zu den frühesten germanischen Gefäßen gehören, die man bisher auf britannischem Boden gefunden hat. Die Tatsache, dass sich der Friedhof nah bei einer römischen Stadt befand, ist ein deutlicher Hinweis auf eine Verbindung zwischen den Neuankömmlingen und der dort lebenden romano-britannischen Bevölkerung. In West-Stow (Suffolk) findet sich eine weitere dieser ersten Siedlungen, die zwar nicht bei einem größeren römischen Zentrum liegt, aber immerhin doch in

---

15 Allgemeine Berichte: J. Campbell (Hrsg.), *The Anglo-Saxons*, 1982; S. Bassett (Hrsg.), *The Origins of Anglo-Saxon Kingdoms*, 1988.

16 J. N. L. Myres und B. Green, *The Anglo-Saxon Cemeteries of Caistor-by-Norwich and Markshall, Norfolk*, 1973.

einem Gebiet, das im spätrömischen Britannien dicht besiedelt war. Siedlung und Friedhof brachten Keramik zutage, die mit dem Material aus dem frühen 5. Jahrhundert, das in Feddersen Wierde, Ezinge und weiter im Inland bei Wijster an der nordeuropäischen Küste gefunden wurde, eng verwandt war. Die Verbindungen mit dem Gebiet an der Wesermündung sind besonders eng und lassen eine direkte Verbindung dieser Region mit East Anglia in der Zeit zwischen 400 und 450 n. Chr. vermuten.

Auch Lincolnshire war eine Region für die frühe Landnahme durch Einwanderer von den Küsten Nordgermaniens. Die Funde stammen hauptsächlich aus der Umgebung kleinerer römischer Städte, darunter Great Casterton, Ancaster, Sleaford und Caistor. Es gibt aber auch Material aus dem frühen 5. Jahrhundert, das aus ländlichen Umgebungen stammt. Auf einem sehr großen Friedhof in Loveden Hill im Herzen von Lincolnshire könnten einige Bestattungen etwa um 450 n. Chr. datieren, die meisten Gräber stammen jedoch aus dem 6. Jahrhundert. Einige Orte in der Nähe des Humber weisen mehrere Gräber aus dem frühen bis mittleren 5. Jahrhundert auf, eventuell von Siedlern jenseits der Nordsee, doch bisher ist kein größerer Hauptort bekannt. Wie die Situation der größten römischen Stadt bei Lincoln war, ist immer noch sehr unklar. Aus der Umgebung der Stadt stammen mehrere frühgermanische Funde, innerhalb der Stadtmauern wurde jedoch absolut nichts gefunden. Spätere historische Hinweise deuten das Überleben einer Gemeinschaft in der Gegend von Lincoln bis ins 7. Jahrhundert an, auch wenn bisher die Beteiligung von Einwanderern trotz intensiver Ausgrabungsarbeiten in den letzten 30 Jahren nicht bestätigt ist. Zur Zeit erscheint jedenfalls die Existenz einer Enklave von Romano-Britanniern sehr wahrscheinlich.

Ein Gebiet, in dem in den letzten 20 Jahren mehr und mehr germanisches Material aus dem frühen 5. Jahrhundert gefunden wurde, ist Lindsey, zwischen den Flüssen Humber und Witham. Nur wenige dieser Funde stammen aus einem sicheren archäologischen Kontext, doch die Zeitspanne ist eindeutig: etwa 400–460 n. Chr. Eine Tutulusfibel vom Typ, der an der nordgermanischen Küste gefunden wurde, tauchte in Kirmington auf, ein anderer Fibeltyp, der zu einem Frauenkleid aus der gleichen Region gehört, wurde in Hibaldstow gefunden. Beide Orte waren offene romano-britannische Siedlungen, die mindestens bis ins späte 4. oder frühe 5. Jahrhundert besiedelt gewesen waren. Germanische Siedler könnten hier bis weit ins 5. Jahrhundert gelebt haben. Ebenfalls im frühen 5. Jahrhundert treten besonders in den nördlichen Wolds und in der Nähe der Ermine Street Urnenfriedhöfe auf. Diese Begräbnisstätten befinden sich bei Elsham, Welbeck Hill, Fonaby, South Elkington und Cleatham. Nach englischem Standard handelte es sich um große Friedhöfe: in Elsham und Cleatham waren es über 600 Bestattungen, oder vielleicht sogar noch mehr, auch wenn ein großer Teil der Feuerbestattungen aus dem 6. Jahrhundert stammt.

Spätere literarische und historische Quellen liefern Darstellungen von Wanderungen nach Britannien, die sich – obwohl sie kaum geografische Details enthalten, chronologisch ungenau sind und sich eindeutig stark auf Mythen und frühere Überlieferungen stützen – an manchen Stellen mit den archäologischen Funden decken. Bedas im 8. Jahrhundert verfasster Bericht über die Völker, die nach Britannien einwanderten, bezog sich auf Überlieferungen, die schon ziemlich alt waren und auf andere Quellen, die einige Zeit nach den ersten Wanderungen nach Britannien entstanden waren. Es lohnt sich, die zentrale Passage von Bedas Bericht vollständig zu zitieren.[17]

17 G. Spitzbart (Hrsg.), *Beda der Ehrwürdige – Kirchengeschichte des englischen Volkes*, 1997, 59–61.

Von den Jüten stammen die Kenter und die Victuarier, das heißt jener Stamm, der die Insel Wight bewohnt, und derjenige, der gegenüber dieser Insel Wight lebt und bis heute im Land der Westsachsen das Volk der Jüten genannt wird. Von den Sachsen, das heißt aus dem Gebiet, das jetzt auch das der Altsachsen genannt wird, kamen die Ostsachsen, Südsachsen, Westsachsen. Von den Angeln aber, nämlich von dem Land, das Angeln heißt und von jener Zeit bis heute verlassen zwischen den Ländern der Jüten und Sachsen geblieben sein soll, stammen die Ostangeln, Mittelangeln, Mercier, das ganze Geschlecht der Nordhumbrier, das heißt jener Völker, die nördlich des Flusses Humber leben, und die übrigen Völker der Engländer ab. Ihre ersten Führer sollen die beiden Brüder Hengest und Horsa gewesen sein, von denen Horsa, der später im Krieg von den Briten getötet wurde, in den östlichen Gebieten Kents noch ein mit seinem Namen versehenes Denkmal hat.

Hengist und Horsa, Hengst und Pferd, Enkel Wotans, entstammen offenbar der Mythologie, doch gründet sich diese wahrscheinlich auf historische Personen. Beda hatte genaue Informationen über den Ursprung des englischen Königreiches, wahrscheinlich von der bischöflichen und frühen königlichen Kirche in Canterbury. Ethelbert, König von Kent (ca. 560–616 n. Chr.), behauptete, ein Urenkel von Hengist zu sein, was chronologisch zumindest dann möglich ist, wenn Hengist in der ersten Hälfte des 5. Jahrhunderts in Kent auftauchte. Eine weitere Quelle für Beda war Gildas, der um 540 n. Chr. schrieb. Diese Schrift ist moralisierend und polemisch, stellt aber den einzigen historischen Bericht über die germanischen Siedlungen in Britannien aus der Mitte des 6. Jahrhunderts dar. In einer zentralen Passage berichtet Gildas davon, dass ein „stolzer Tyrann" (der meist mit Vortigern identifiziert wird) die Streitkräfte der Barbaren eingeladen hätte, sich im Osten der Insel niederzulassen. Diesen frühen Ankömmlingen (angeblich drei Schiffsladungen von ihnen), folgten bald andere. Was dann passierte, erinnert an die Besetzung anderer Gebiete in der römischen Welt durch Barbaren. Auch sein Bericht sollte zitiert werden.[18]

18 Gildas, *On the Ruin of Britain*, 14.

> Auf Befehl des üblen Tyrannen schlugen sie ihre tödlichen Krallen zuerst in die Ostseite der Insel, augenscheinlich, um für unser Land zu kämpfen, in Wahrheit aber, um es zu bekriegen. Die Löwenmutter erfuhr, dass ihre erste Kohorte gedieh und sandte eine zweite und größere Truppe ihrer Hunde. Sie kam mit dem Schiff und vereinigte sich mit den falschen Einheiten. So wuchs der Zweig der Uneinigkeit, die Wurzel der Bitternis, die tödliche Pflanze, die wir wohl verdient hatten, in unserem Boden mit bösen Ablegern und Armen. Die Barbaren, denen der Zutritt zur Insel erlaubt worden war, baten um Lebensmittel, unter dem falschen Vorwand, sie seien Soldaten, die sich für ihre bewunderten Gastgeber in die größten Gefahren stürzen würden. Die Lebensmittel wurden gewährt und für eine lange Zeit hielt der Hund Ruhe. Dann beschwerten sie sich wiederum, dass ihre monatliche Unterstützung zu gering sei und schworen, dass sie ihr Abkommen brechen und die ganze Insel ausrauben würden, wenn man ihnen nicht großzügige Bezahlung geben würde. Sie zögerten nicht und setzten diese Drohungen sofort in die Tat um.

Der Bericht enthält bekannte Komponenten: Die Einladung, möglicherweise unter Druck ausgesprochen, die Nachfolge von weiteren Gruppen von Außen, die Zahlungen, die Erhebung gegen die Gastgebermacht. Somit ist der Kern der Passage glaubwürdig und von den moralischen Ausschmückungen kann man absehen. Die geografische Lage der Ereignisse ist unbekannt, man nimmt jedoch allgemein an, dass sie sich in Kent und Essex abgespielt haben. Die archäologischen Funde deuten auf East Anglia und Lincolnshire hin, ebenso muss auch das mittlere Themsetal in Betracht gezogen werden.
Südlich der kleinen römischen Stadt wurden in Dorchester-on-Thames Kriegergräber von etwa 400 n. Chr. gefunden. Ihnen folgte eine Siedlung der Germanen in der Stadt und möglicherweise ein Zentrum nördlich davon. Es ist nicht weiter erstaunlich, dass in Kent und Sussex germanische Funde aus dem 5. Jahrhundert auftraten, nicht zuletzt innerhalb der römischen Stadt Canterbury. In weiten Teilen der Stadt verbreiteten sich von der Mitte des 5. Jahrhunderts bis zum 7. Jahrhundert Grubenhäuser. Als Ausgangspunkt des aufstrebenden Königreiches von Canterware brachte Canterbury erwartungsgemäß Hinweise auf Siedler vom Kontinent hervor, sowohl aus Gallien als auch

Wandel im Westen I: Gallien und Britannien

aus Gegenden jenseits des Rheins. Mehrere Landsitze, darunter die Villa bei Wingham, wurden von Einwanderersippen bewohnt. Verstreute germanische Funde aus der Nähe von Richborough sind von Bedeutung, auch wenn innerhalb der Verteidigungsanlagen bisher wenig gefunden wurde, was die Anwesenheit von Germanen beweisen würde. Weiter westlich, in Sussex, gibt es überzeugendere Beweise, besonders an der Küstenbefestigung bei Portchester.[19] Einige Grubenhäuser reihten sich entlang der früheren Römerstraßen, Keramik aus dem 5. Jahrhundert gehört möglicherweise dazu. Komplexere Holzkonstruktionen werden ebenfalls in diese Zeit datiert. Eine vergoldete Scheibenfibel aus Bronze zählt zu den interessantesten Kleinfunden. Sie ähnelt fränkischen Schmuckstücken und könnte ein Import aus Gallien sein. In ländlicher Umgebung ist ein befestigter römischer Ort bei Highdown am aufschlussreichsten, wo im 5. Jahrhundert ein Friedhof mit Feuer- sowie mit Erdbestattungen angelegt wurde. In mehreren Gräbern befanden sich dekorative Metallfibeln im Quoit-Stil. Die Keramikgefäße von Highdown ähneln denen am und jenseits des Niederrheins und gehören wahrscheinlich in die Zeit zwischen 400 und 450 n. Chr. Gleichermaßen auffällig sind Glasgefäße von hoher Qualität, von denen einige möglicherweise aus dem Rheinland importiert wurden. Insgesamt bieten die Funde von Highdown einen Beweis dafür, dass sich hier im frühen bis mittleren 5. Jahrhundert eine germanische Sippe mit möglichen Verbindungen zu den Franken niederließ. Sie waren jedoch nicht die einzigen Siedler.

Es ist bekannt, dass zwischen den Flüssen Ouse und Cuckmere im frühen und mittleren 5. Jahrhundert mehrere Orte, die meisten davon an den Hängen der South Downs, besiedelt waren. Die am besten erforschte Ausgrabung ist die von Bishopstone, zwischen Newhaven und Seaford.[20] Hier tauchten auf einem Friedhof eine Gürtelschnalle und Keramik aus dem frühen 5. Jahrhundert auf.

Für eine frühe und durchgängige Besiedlung gibt es aber noch eindeutigere Beweise. Die Gemeinde von Bishopstone errichtete neben Grubenhäusern auch solide rechteckige Gebäude von einem Typ, der auf dem Kontinent relativ selten vorkommt, aber spätrömischen Bauten in Britannien ähnelt, und auf eine gemischte britannische und germanische Gruppe hinweist. Den germanischen Charakter der gefundenen Keramik kann man jedoch auf keinen Fall verleugnen. Die Siedlungen aus dem 5. Jahrhundert in den Downs stehen in starkem Gegensatz zu dem, was aus der gleichen Zeit von Chichester bekannt ist. Abgesehen von einigen wenigen Fundstücken spätrömischen Metalls gibt es nur wenig, was auf eine frühe Präsenz der Germanen in der Stadt schließen lässt. Es ist möglich, dass eine nach-römische Gemeinschaft hier und in der umliegenden Küstenregion erhalten blieb.

Abgesehen von der Enklave aus dem 5. Jahrhundert zwischen Ouse

19 B. Cunliffe, *Excavations at Portchester Castle II*, 1976.

20 M. Bell, *Sussex Archaeological Collections* 115, 1977.

und Cuckmere gibt es keine überzeugenden Beweise für eine durchgängige germanische Besiedelung zwischen Chichester und Romney Marsh an der Küste oder weiter ins Inland Richtung Weald. Die Küstenbefestigung von Pevensey hat wahrscheinlich Aufmerksamkeit erregt, wie die Angelsachsenchronik beweist. Ein Eintrag der Chronik besagt, dass der sächsische Anführer Aelle eine Streitmacht in drei Schiffen heranführte, die Britannier besiegte und sie in die Wälder des Weald zurückdrängte. Dann nahm er Pevensey ein und metzelte seine Bewohner nieder. Danach schien Pevensey in den Machtstrukturen der Südsachsen keine herausragende Rolle mehr gespielt zu haben. Wesentlich mehr Hinweise deuten auf Lewes als ein bedeutendes angelsächsisches Zentrum bei der Entstehung des Königreiches, auch wenn dies bislang noch nicht belegt ist.

Eine der interessantesten und zugleich problematischsten Fragen, die die Zeit der Völkerwanderung aufwirft, ist die nach der Rolle, die die Franken bei der Besiedelung von Südostengland spielten.[21] A priori gesehen scheint es unwahrscheinlich, dass nicht zumindest einige fränkische Gruppen den schmalen Kanal zwischen Gallien und Kent überquerten. Im späten 6. Jahrhundert (580 n. Chr.) heiratete Ethelbert von Kent die fränkische Prinzessin Bertha und man kann mit ziemlicher Sicherheit davon ausgehen, dass auch andere fränkische Edelleute ihren Geschäften in Kent und vielleicht auch anderen Gegenden nachgingen. In Gräbern aus dem 6. Jahrhundert in Wiltshire und möglicherweise auch in Hampshire taucht fränkisches Material auf. Die in Nordgallien häufig auftretenden Wurfäxte *(franciscae)* gibt es auch in Sussex, Wiltshire und bei Nottingham, fränkische Glasgefäße waren in Kent und an der gesamten Südostküste weit verbreitet. Eine schöne importierte Schale stammt aus dem Mount-Friedhof von York. Es ist sicher belegt, dass das meiste fränkische Material in Kent vorkommt, wozu auch die Objekte aus Nordgallien zählen, meist Metallornamente und Glas, die besonders auf Friedhöfen wie denen von Bifrons, Lyminge, Howletts, Higham und Chatham Lines auftreten. Auch in Dover, Riseley und Strood sind Einzelbestattungen mit fränkischem Kontext bekannt. Die exakte Datierung dieser Gräber ist nicht einfach, doch gehören zumindest einige von ihnen in die zweite Hälfte des 5. Jahrhunderts. Der Versuch, sie alle ins 6. Jahrhundert zu datieren, ist nicht überzeugend. Viele dieser Funde sind von relativ hoher Qualität und deuten auf die Anwesenheit hochrangiger Familien hin, die möglicherweise in England im Militärdienst waren und/oder mit dem entstehenden Königreich Kent durch Heirat verbunden waren. Auf jeden Fall kann man die fränkischen Funde nicht als Handelswaren abtun. Sie wurden von Franken nach Kent gebracht, von denen nicht alle nach Gallien heimkehrten. Einige Franken lebten wesentlich näher an der Themse, möglicherweise bei Mitcham (Surrey) und Reading, sicher

21 V. I. Evison, *The Fifth Century Invasions South of the Thames*, 1965, ein wichtiges aber unterbewertetes Werk.

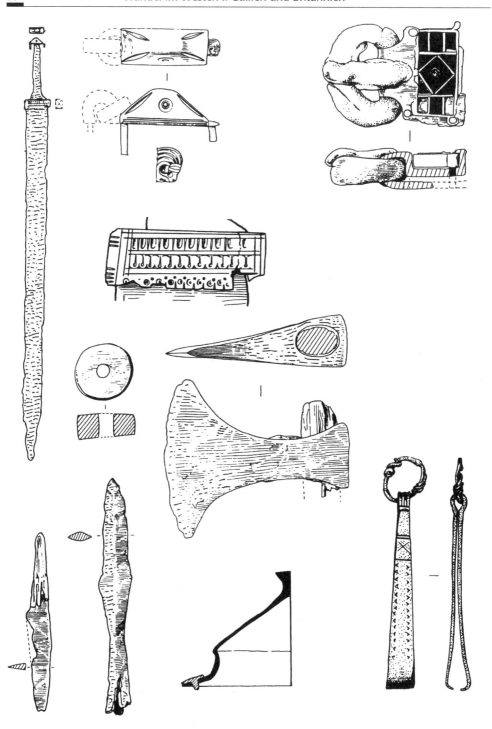

Inhalt eines Grabes bei Petersfinger (Wiltshire) mit stark fränkischen Merkmalen. 6. Jahrhundert n. Chr.

in Croydon, wo ein Bronzekessel, Glasbecher, drei Wurfäxte, mehrere Schwerter und mindestens ein mit Widerhaken versehener Speer *(ango)* zu den Grabbeigaben gehörten. Solch eine Sammlung ist ansonsten in England ungewöhnlich, im 5. und 6. Jahrhundert in Gallien jedoch weit verbreitet.

Londiniums Lage gegen Ende der römischen Vormacht und in den Jahren unmittelbar danach war lange unklar. Im letzten halben Jahrhundert brachten Ausgrabungen innerhalb der Stadtmauern weder Beweise für eine nennenswerte germanische Besiedelung im 5. Jahrhundert zutage, noch Beweise für eine Zerstörung. Der Zerfall der wichtigsten römischen Gebäude ist offensichtlich, obwohl einige der Hauptgebäude wie z.B. die Basilika am Forum bereits im 4. Jahrhundert abgerissen wurden. Eine Anhäufung von Grubenhäusern wie in Canterbury gibt es hier nicht, und selbst Einzelfunde sind eher selten. Obwohl die unterste erkennbare Schicht sehr sorgfältig durchsucht wurde, bleibt eine bronzene Scheibenfibel aus den Überresten eines spätrömischen Hauses in Billingsgate einer der wenigen Funde aus dem 5. Jahrhundert in Londinium. Ein paar andere Objekte (eine Fibel in Kreuzform, ein fränkischer Topf und ein rheinischer Glasbecher) ergänzen die Liste nur geringfügig. Südlich von London, jedoch nicht nahe der Stadt, besiedelten Einwanderer im frühen 5. Jahrhundert Orte bei Orpington, Ham, Mitcham und Northfleet. Es scheint sich hier jedoch um eher kleine Gruppen gehandelt zu haben, die mit London selbst nur wenig Kontakt hatten. Bedeutender ist möglicherweise die Entwicklung einer sächsischen Enklave außerhalb der Stadtmauern in der Gegend von Aldwych.

Die Wanderung nach Britannien dauerte bis lange nach dem 5. Jahrhundert und wurde durch hochrangige politische Kontakte im 6. und frühen 7. Jahrhundert noch verstärkt. Die Verbindungen zum fränkischen Gallien begannen nicht erst mit der Hochzeit von Bertha und Ethelbert. Ein Friedhof in Maroeuil bei Arras enthielt reiche Gräber, die die Verbindung zwischen den Franken aus dem Rheinland und den Siedlern in Südbritannien belegen. Da sich die Sachsen sowohl in Nordgallien als auch in Britannien niederließen, gab es genügend Anlass für soziale und wirtschaftliche Kontakte über den Kanal. Doch die wichtigeren Verbindungen gab es in zunehmendem Maße mit Norddeutschland und Skandinavien, was sich am deutlichsten in East Anglia zeigt, aber auch anderswo nachweisbar ist, besonders in Essex und Lincolnshire. Das herausragendste Beispiel ist natürlich das große Schiffsgrab von Sutton Hoo in Suffolk mit seinen offensichtlichen Verbindungen nach Südschweden, Nordgermanien und dem fränkischen Gallien sowie zu anderen Gegenden des östlichen Britanniens. Hier gibt es keine Belege für eine größere Völkerwanderung, eher dafür, dass sich während der Entstehung des germanischen Königreiches in Britannien die königlichen und aristokratischen Verbindungen verstärkten. Bisher gibt es keinen Grund, von einer größeren Einwanderungswelle, zwischen dem 6. Jahrhundert und der Invasion aus Skandinavien ab dem späten 8. Jahrhundert, auszugehen.

Wanderungen, die Britannien und Irland betrafen, waren nicht einseitige Invasionen vom Kontinent auf die Inseln. Quellen beiderseits des Kanals berichten von einer größeren Wanderung der Bevölkerung von Südwestbritannien nach Nordwestgallien und Spanien. Die Fragen, die sich daraus ergeben, bleiben jedoch teilweise unbeantwortet.[22] So ist nicht klar, wann und weshalb sich diese Wanderung in Gang setzte. Gildas deutet an, dass sie im späten 5. Jahrhundert begann, gibt jedoch keine Informationen über die möglichen Gründe oder das Ziel der Wanderer. Der ungefähr 20 Jahre später schreibende Procopios beruft sich auf eine andere, in der byzantinischen Welt geläufige Überlieferung. Er berichtet, dass die Bevölkerung Britanniens, Britannier, Angeln und Friesen, so zahlreich war, dass sich einzelne Sippen dieser Völker nach Gallien begaben, wo die Franken sie als Kolonisten in entvölkerten Gegenden ansiedelten. Auch wenn genauere Angaben fehlen, ist der Kern dieser Aussage glaubhaft. Die Ansiedlung wandernder Völker konnte für die Beteiligten kurzfristig von Vorteil sein und sogar langfristigen Nutzen bringen. Zwischen diesem Bericht und der Überlieferung, dass Magnus Maximus in den 380er-Jahren viele Soldaten und Zivilisten nach Nordwestgallien verlegte und somit ein zweites Britannien schuf, könnte es eine Verbindung geben. Die politische Lage in der Bretagne im 6. Jahrhundert unterstützt die Theorie einer Wanderung von Britannien nach Nordgallien. Im Nordwesten der bretonischen Halbinsel lag Dumnonia und im Südwesten Cornouaille, zwei Gebiete, die die politische Nomenklatur Südwestbritanniens widerspiegeln. Eine weitere Verbindung ist durch die enge Sprachverwandtschaft in Bezug auf Phonologie und Morphologie zwischen dem Bretonischen und dem Cornischen gegeben, eine Verwandtschaft, der ein gemeinsames kulturelles Erbe in der späten Römerzeit oder kurz darauf zugrunde liegen muss.

Andere Britannier wanderten nach Galizien in Nordwestspanien aus. Zu den Bistümern dieser Region aus dem späten 6. Jahrhundert gehörte eine britische Kirche mit einem eigenen Bischof namens Mailoc, ein offensichtlich keltischer Name. Wann diese Britannier in Spanien ankamen, ist nicht bekannt. Diese Wanderung könnte zeitgleich mit der nach Westgallien oder kurz danach stattgefunden haben.

22 Procopios, 8, 20, 8; Nennius 27; E. A. Thompson, *Classical Quarterly* 30, 1980, 498–507.

Wandel im Westen II: Von der Donau nach Nordafrika

„Wie ein Wirbelsturm aus den Bergen." So beschreibt Ammianus Marcellinus das Auftauchen der asiatischen Invasoren, gemeinhin Hunnen genannt, im Sommer des Jahres 376 n. Chr. Selbst spätere Beobachter konnten sich nicht völlig von dem Schrecken freimachen, den die bloße Erwähnung des Namens der Hunnen hervorrief. Die Hunnen, die den Bewohnern der mediterranen Welt zuvor kaum bekannt waren, tauchten so plötzlich aus den Steppen Mittelasiens auf, dass sie der römischen Welt den größten Schock seit Jahrhunderten versetzten. Während der nächsten 70 Jahre waren sie dem Netzwerk aus Sicherungssystemen, das die Grundlage der römischen Politik an der nordöstlichen Grenze bildete, stets gefährlich nahe.[1]

Im Spätsommer 376 n. Chr. verbreitete sich die Kunde von einer schrecklichen Invasion durch ein fremdes Volk aus den Steppen zwischen Wolga und Dnjester. Die ersten, die den Ansturm der Eindringlinge zu spüren bekamen und ihre scheinbare Unbesiegbarkeit zu fürchten lernten, waren die Ostgoten nördlich des Schwarzen Meeres unter ihrem König Hermanarich. Athanarich, König der Westgoten westlich der Ostgoten, erkannte das Ausmaß der Gefahr und bezog mit seiner Armee am Ufer des Dnjester Stellung. Wenige Tage später griffen die Bogenschützen der Hunnen im Morgengrauen an und trieben die Westgoten innerhalb weniger Stunden in eine kopflose Flucht, so dass ihnen keine andere Wahl blieb, als sich an die untere Donau zurückzuziehen und sich den Streitkräften Roms anzubieten. Nach einigen Verhandlungen wurde es einer großen Armee der Goten erlaubt, die Donau zu überqueren und in Thrakien zu siedeln, angeblich weil die römischen Offiziere Mitleid mit ihnen hatten. Das weitere Schicksal der Westgoten wird später noch verfolgt werden (siehe S. 101). Der Sturm der Hunnen nach Westen hielt jedoch an und hatte weitreichende Auswirkungen auf die römischen Provinzen.

Etwa um 400 n. Chr. waren die Hunnen ins Karpatenbecken eingedrungen, und 412 n. Chr. wurde östlich dieser Region eine königliche Residenz der Hunnen errichtet. Die römische Donaugrenze, bereits geschwächt, geriet zusehends unter ungeheuren Druck, zwar nicht direkt durch die Hunnen, die keinerlei Neigung zeigten, in die römischen Provinzen einzudringen, aber durch die Völker, die durch den Vormarsch

1 E. A. Thompson, *A History of Attila and the Huns*, 1948, ausgezeichnet, aber revisionsbedürftig; F. Altheim, *Geschichte der Hunnen*, 1959–62, der Geschichtsklassiker; I. Bona, *Das Hunnenreich*, 1991, eine wunderbare Synthese von Geschichte und Archäologie.

Wandel im Westen II: Von der Donau nach Nordafrika

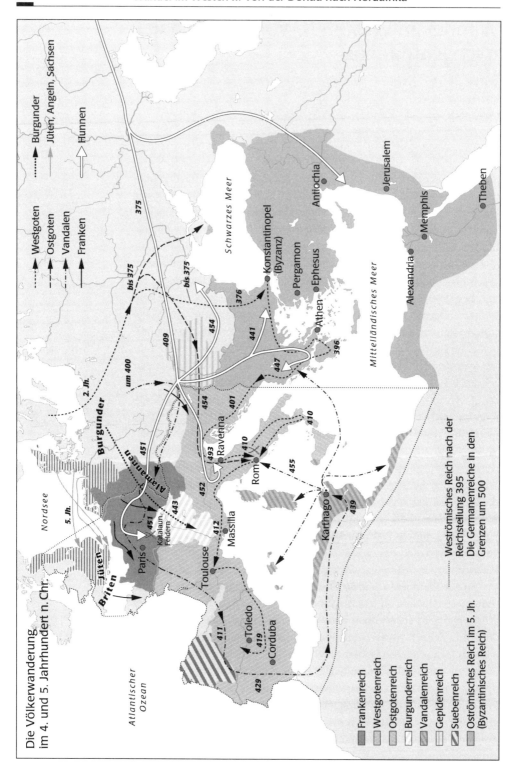

der Hunnen vertrieben oder entwurzelt wurden. In den frühen 430er-Jahren musste ein Großteil von Pannonien den Hunnen überlassen werden. Die Haltung der Römer gegenüber den Hunnen war nicht eindeutig. Die Streitkräfte, die römische Befehlshaber zu dieser Zeit mobilisieren konnten, reichten kaum aus, um sie in Schach zu halten, denn Rom hatte sich darauf verlassen, dass die Hunnen viele gemischte Barbarenhorden vertrieben, die das Donauland besetzten und zumindest eine Art Unterstützung beim Schutz des zunehmend stärker belagerten römischen Territoriums boten.

Die Ursprünge der Hunnen sind immer noch sehr geheimnisumwittert, und wenn man ihr Nomadentum in den Steppen Mittelasiens und die geringen archäologischen Spuren betrachtet, die sie hinterlassen haben, wird dieses Thema immer wieder Anlass zu Diskussionen bieten. Die meisten Gelehrten gehen davon aus, dass die Hunnen mit den Hsiung-nu der chinesischen Annalen identisch sind, laut derer sie im 1. Jahrtausend n. Chr. das westliche China angriffen. Eine Unterscheidung zwischen diesen Hunnen, wenn man sie denn so nennen darf, und anderen Steppennomaden ist schwierig, wenn nicht gar unmöglich. Aus noch ungeklärten Gründen stießen die Steppenvölker ab dem 3. Jahrhundert n. Chr. nach Westen zum Kaspischen Meer und an die Nordgrenzen des Persischen Reiches vor, wobei sie sich zu einer immer stärker zentralisierten militärischen Macht entwickelten. Während der nächsten 100 Jahre fielen diese Nomaden in die westlichen Steppen von Russland ein, wo sie vielleicht zum ersten Mal von den reichen Ländern Kleinasiens und Osteuropas hörten. Ihr Angriff auf die Völker, die nördlich des Schwarzen Meeres wohnten, stellte, auch wenn er sehr überraschend kam, lediglich einen Höhepunkt in einer Wanderung dar, die bereits vor hunderten von Jahren und tausende Kilometer weiter östlich begonnen hatte. Was weiß man von der Kultur und der Organisation dieser Völker?

Für spätrömische Schreiber war es schwer, ein abgerundetes Bild der Gesellschaft der Hunnen zu vermitteln. Das mobile Leben der Steppennomaden war für sie schwer genug zu verstehen, dazu kamen noch ihre Grausamkeit bei der Kriegsführung und ihre rauen Sitten sowie ihr Aussehen, wie es graeco-römische Beobachter beschrieben. Der Schrecken, den die Hunneninvasion hervorrief, wird im Bericht über die Eindringlinge von Ammianius Marcellinus deutlich. Diese Menschen lebten praktisch auf dem Pferderücken, hatten keine festen Siedlungen, schuldeten keinem Herrscher Treue, machten keinen Unterschied zwischen Recht und Unrecht, kämpften mit abschreckender Grausamkeit und waren von der Gier nach Gold und anderer Beute durchdrungen. Seit ihrem ersten Auftauchen hinterließ ihre Geschicklichkeit, vom Pferd aus zu kämpfen und Pfeil und Bogen zu gebrauchen, einen tiefen Eindruck und anfänglich konnten ihre Gegner ihnen kaum etwas entgegensetzen. Man betrachtete sie außerdem als unzugänglich für normale diplomatische Auseinandersetzungen und für unzuverlässig bei der Einhaltung von Abkommen. Es gibt nicht viele archäologische Belege für die Berichte von Ammianius oder von Priscus, der als römischer Botschafter 449 n. Chr. zum Hunnenkönig Attila gesandt wurde, doch gibt es in einigen Punkten Übereinstimmungen.

Die Leidenschaft der Hunnen für Gold ist durch archäologische Funde eindeutig dokumentiert.[2] Aus dem Gebiet, das die Hunnen zwischen dem späten 4. und der Mitte des 5. Jahrhunderts besetzten, sind mehrere große Goldschätze bekannt. Der größte und prachtvollste Hortfund von Hunnengold, der bisher ausgegraben wurde, stammt aus der Ebene von Nagyszéksós in Ungarn. Zahlreiche Goldobjekte wurden hier im vergangenen Jahrhundert gefunden, von denen viele schnell verschwanden. Bis 1960 wurden ca. 180 Stücke wiedergefunden, doch das ist möglicherweise nicht einmal die Hälfte des ursprünglichen Schatzes. Warum er ursprünglich vergraben wurde, ist nicht bekannt, doch scheint es keine Grabbeigabe gewesen zu sein. Einige Stücke haben im Feuer gelitten, doch die meisten sind intakt und haben sicherlich nicht im Feuer eines Scheiterhaufens gelegen. Vielmehr mag es sich hier um das Vermögen gehandelt haben, das ein Anführer oder König der Hunnen angehäuft hatte. Bei einem Fundstück handelt es sich um einen goldenen Halsreif mit einem Gewicht von 400 g, der schönste Halsreif, der im Hunnengebiet gefunden wurde. Zu den weiteren Fundstücken gehören zwei mit Goldplatten geschmückte Sättel, eine vergoldete Trense und ein goldener Peitschengriff.

Der Schatz von Nagyszéksós wurde dicht am Zusammenfluss der Flüsse Theiß und Maros vergraben. Etwa 30 km weiter, bei Hódmezővásárhely wurde ein weiterer großer Goldschatz verborgen, der 1 439 römische Goldmünzen mit einem Gesamtgewicht von 20 Pfund enthielt. Diese beiden Schätze wurden 450 n. Chr. vergraben, als die Macht der Hunnen zu schwinden begann. Sie weisen eindeutig darauf hin, dass am Zusammenfluss von Theiß und Maros ein wichtiges Zentrum lag, wahrscheinlich eine Machtzentrale der Hunnen. Es ist allgemein bekannt, dass die Anführer der Hunnen dem römischen Imperium immense Goldsummen an Tributen abverlangten. 430 n. Chr. betrug der jährliche Tribut für die Hunnen 320 Pfund Gold, 443 n. Chr. waren es bereits 1 900 Pfund. Zwischen 420 und 450 n. Chr. könnten die Hunnen etwa 10 t Gold von den Römern erhalten haben, das größtenteils sicherlich an verbündete Krieger verteilt wurde.

Gräber und Schätze der Hunnen

Die Siedlungen der Hunnen nördlich der Donau sind nur schwer auszumachen, doch mit Hilfe einiger weniger Funde kann man ein paar Punkte lokalisieren. Einer davon ist das Grab eines jungen Mädchens

2 I. Bona, *Das Hunnenreich,* 1991; E. Garam und A. Kiss, *Gold Finds of the Migration Period,* Budapest 1992.

Gräber und Schätze der Hunnen

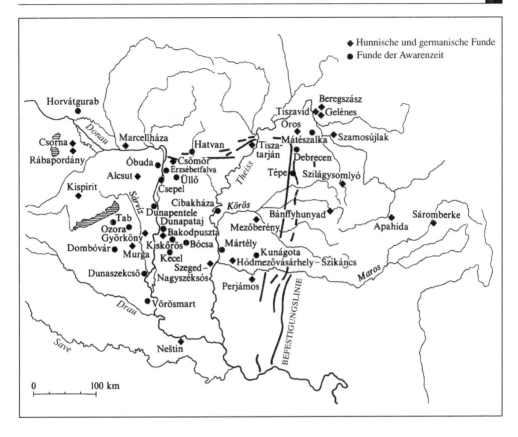

von hohem Rang bei Mezőberény, südlich der Körös-Berge. Sie wurde um 450 n. Chr. mit reichem Goldschmuck, darunter ein Diadem, Ohrringe, ein Armreif, ein Gürtel und Knöchelriemen, zur Ruhe gelegt. Die Objekte in diesem Grab ähneln am ehesten Funden in Südrussland. Das Grab liegt westlich des Theißtales in einem Gebiet, in dem Hunnengräber relativ selten sind. Weitere Belege für Hunnen gibt es im Donautal südlich von Budapest, besonders in der Nähe früherer römischer Befestigungen. Ein reiches Grab lag dicht bei Pest an der Donau. Die bedeutendsten Funde machte man jedoch zwischen dem Balaton-See und der Drau sowie zwischen dem Balaton-See und der Lajta. In diesem Bereich wurden mehrere Hunnenkrieger begraben, einige davon mit Schwertern, Bögen und Pferdegeschirr, manchmal wurden auch Grabopfer mitgegeben. Nicht alle diese Funde kann man mit Sicherheit den Hunnen zuordnen, denn Alanen, Heruler und Skiren waren ebenfalls Teil dieser Kriegerenklave. Östlich dieser Region sind Funde von Hunnen oder solche, die auf eine Beziehung mit ihnen hinweisen, selten und bieten keinen Anhaltspunkt für eine nennenswerte Ansiedlung. Es gibt an der mittleren Donau auch keine Hinweise darauf, dass sich die Hunnen mit der provinzialrömischen Bevölkerung gemischt hätten.

Siedlungen der Hunnen und Awaren im Donau-Tisza-Becken. 5. bis 7. Jahrhundert n. Chr.

Die Hunnengräber, die man fand, liegen deutlich entfernt von denen der übrigen Bewohner der Provinz.

Attila

Zusammen mit diesen prächtigen Ornamenten gelangten hunderttausende von Goldmünzen aus dem östlichen Reich in die Donauländer. Viele Sammlungen solcher Stücke liegen in Museen in Ungarn und der Slowakei. Oft sind es frisch geprägte Münzen, die nie im Umlauf waren. Große Summen dieser Währung gingen direkt an Attila, der vom Kaiser 449 n. Chr. als römischer Befehlshaber anerkannt wurde.

Attilas politische Ziele in den späten 440er-Jahren sind nicht leicht zu durchschauen. Es bestand die Befürchtung, dass er nach Osten ziehen, Persien erobern und Byzanz aus dem Osten beherrschen würde. Diese Vorstellung ist nicht völlig absurd. Durch seine Kontakte aus der Steppe musste Attila über Persien gut informiert sein. Er wandte sich jedoch statt nach Osten gen Westen und ging sogar so weit, die Hälfte des westlichen Imperiums zu verlangen. Als Besänftigungsmittel arrangierte man eine Heirat mit Honoria, der Schwester des Kaisers Valentinian III., doch Theodosius II., der für eine Einigung mit den Hunnen plädiert hatte, starb im Sommer 450 n. Chr. Ihm folgte der radikalere Marcian nach, der die Tributzahlungen an die Hunnen einstellte. Der Fehdehandschuh war geworfen.

Zu Beginn des Jahres 451 n. Chr. begannen die Streitkräfte Attilas mit einer massiven Invasion des Westens. Sie zogen das Donautal hinauf, Richtung Gallien, wo die stärkste Armee der westlichen Provinzen stationiert war.[3] Attilas Heer bestand keineswegs nur aus Hunnen, sondern Gepiden, Skiren, Heruler, Sarmaten, Rugier, Sueben und Ostgoten zogen mit ihm und man erwartete, dass auf dem Weg östlich des Rheins noch Franken und Burgunder dazustoßen würden. In Gallien selbst boten sich die Alanen als mögliche Verbündete an. Außerdem konnte sich Attila zumindest auf die passive Unterstützung des Vandalenkönigs Geiserich verlassen, der eigene Gründe hatte, ein Bündnis zwischen den Westgoten in Gallien und den Sueben in Spanien zu fürchten.

Auch die Armeen Roms und ihrer Verbündeten unter Aëtius war sehr gemischt in ihrer Zusammensetzung. Sie vereinten Franken, Bretonen, Burgunder, Sachsen, Alanen und Sarmaten um eine Kernstreitmacht von Westgoten und Gallo-Römern. Die Westgoten zögerten zunächst, ein Bündnis gegen die Hunnen einzugehen, wurden jedoch überredet, ihren Verpflichtungen als Verbündete nachzukommen. Dieses heterogene Heer zog in die Ebene zwischen Chalons-sûr-Marne und Troyes ein, die Ebene von Mauriac oder auf die katalaunischen Felder. Die darauf folgende Schlacht war militärisch weniger entscheidend, als sie oft dargestellt wird. Die westgotische Infanterie spielte bei der Abwehr des zentralen Ansturmes der Hunnen eine wesentliche Rolle. König Theo-

3 J. Werner, *Beiträge zur Archäologie des Attila-Reiches*, 1956. Es gibt nur wenig archäologische Spuren der Hunneninvasion in Gallien. Materialfunde von der mittleren Donau könnten von anderen Invasoren eingebracht worden sein.

derich fiel in dieser Schlacht und sein Sohn Thorismund verließ das Schlachtfeld, um nach Toulouse zurückzueilen und seine Thronfolge zu sichern. Die Gegner erkämpften einen Stillstand, aus dem kein klarer Sieger hervorging. Doch die Kraft der Hunnen war weitgehend erschöpft und sie konnten nichts anderes tun, als sich in ihre Donaugebiete zurückzuziehen. Eine Koalition wie die von Attila konnte ohne bedeutende Siege nicht bestehen. Für ihn war der fehlgeschlagene Versuch, die Macht in Gallien zu erlangen, eine Katastrophe. Er war als *magister militum* nicht länger glaubwürdig und kein überzeugender Empfänger römischer Tributzahlungen. Als die Hunnen im nächsten Jahr von der mittleren Donau aus nach Italien einfielen, wurde es nicht besser. Nach anfänglichen Erfolgen verlor der Angriff an Schwung. Nur wenige Monate später starb Attila plötzlich, angeblich in den Armen einer jungen Braut. Seine Macht war bereits gebrochen und nach seinem Tod verspielten seine Söhne die Reste der Hunnenmacht. Im Sommer 453 n. Chr. wurde ein Angriff auf das Ostreich geplant, jedoch nicht durchgeführt und im darauf folgenden Jahr wurden die Hunnen von einer von den Gepiden angeführten Bündnisarmee problemlos geschlagen. In der Folge wurden sie von ihren früheren Untertanen und Bündnispartnern, den Ostgoten, immer stärker eingekreist. Auch für andere Mächte hatte dies ernsthafte Konsequenzen. War das Hunnenreich an der Donaugrenze für die angeschlagenen Reste des Westreiches eine Art Schutz gewesen, so fiel dieser Puffer nun fort und Italien und Gallien standen Eindringlingen und Siedlern offen. Auch in Byzanz war es spürbar, als die Macht der Hunnen mehr und mehr durch den Aufstieg der Ostgoten ersetzt wurde, die zu Protagonisten auf dem Balkan und im zentralen Mittelmeerraum aufstiegen.

Die archäologischen Funde an der mittleren Donau nehmen nach dem schnellen Zusammenbruch der Hunnenmacht in den 450er-Jahren deutlich ab. Mit der Auflösung der Streitkräfte, die Attila gefolgt waren, wird auch das den Hunnen oder Alanen zuzuordnende Material seltener. Die Hunnen versuchten, sich nach Osten zu wenden, doch das brachte ihnen nur wenig Nutzen. Einige Hunnensippen blieben an der Donau und in der alten Provinz Dakien, um die Gepiden in Schach zu halten, andere traten den Reitereiabteilungen der byzantinischen Armee bei, um den Ostgoten entgegenzutreten, die 456 n. Chr. nach Pannonien einmarschierten. Während der folgenden 30 Jahre wurden die meisten Konflikte an der unteren Donau zwischen Hunnen und Ostgoten ausgetragen, wobei letztere die Oberhand gewannen. Attilas Nachfolger konnten den Goten keine effektive Macht entgegenstellen. Anführer der Goten wurde bald einer der größten aller germanischen Herrscher zur Zeit der Völkerwanderung, Theoderich. Nach etwa 470 n. Chr. waren die Hunnen als politische sowie als militärische Macht ausgeschaltet.

Ein Grab, das um 1808 in Concesti in Mähren gefunden wurde, spiegelt deutlich den ungeheuren Reichtum wider, den die Anführer der Hunnen und anderer Nomaden anhäuften, und die Freude, die sie an dessen Zurschaustellung hatten.[4] Hier geschah dies in Form eines steinernen Grabmonumentes, das mit Steinplatten abgedeckt wurde. Der Tote wurde in einem Holzsarg an einer Seite der Grabkammer beigesetzt, auf der anderen Seite lagen die Überreste seines Pferdes und dessen Geschirr. Er war in ein seidenes, mit Gold und Edelsteinen besetztes Gewand gekleidet, trug verschiedene Goldornamente, darunter einen Halsreifen und einen Satz goldverzierte Waffen. Ein spätrömischer, versilberter Offiziershelm lag im Sarg, entweder ein Beutestück, ein diplomatisches Geschenk oder ein Andenken an eine Dienstzeit im römischen Imperium. Weitaus erstaunlicher sind Funde wie z.B. eine prachtvolle Silbervase mit der Darstellung einer Amazonenschlacht und ein silberner Krug mit verschiedenen mythologischen Szenen. Beide Stücke stammen aus dem Oströmischen Reich. Damals wurden noch weitere Goldobjekte gefunden, doch sind sie seither verschwunden. Was in der Eremitage in St. Petersburg noch existiert, zählt zu den reichsten Grabinventaren eines Nomadengrabes, das bisher in Europa gefunden wurde und es gibt keinen Zweifel, dass der Mann, der etwa 430–440 n. Chr. bei Concesti bestattet wurde, einer der höchsten Anführer der Hunnen, Alanen oder anderer Nomadengruppen an der unteren Donau gewesen ist. Wahrscheinlich starb dieser Herrscher etwa zehn Jahre bevor Attila der mächtigste Anführer der Hunnen wurde, und es ist möglich, dass der Anführer von Concesti zu einer königlichen Sippe der Hunnen auf dem Gipfel ihrer Macht gehörte.

Mit dem Untergang der Hunnenmacht zerbrach das fragile Gleichgewicht, das im Donaubecken seit ihrer Invasion geherrscht hatte. Die Auswirkungen waren für das zerfallende Imperium genauso massiv wie für andere Mächte. Nur 25 Jahre nach Attilas Tod war auch das Römische Westreich verschwunden. Unbewusst hatte die Intervention der Hunnen das Leben des römischen Imperiums verlängert und erst nach 453 n. Chr. hatte sich die Machtbasis zu den Ost- und Westgoten hin verlagert. Die nächste größere Phase der Völkerwanderung aus dem Osten folgte 25 Jahre später und hatte für das alte Herz des Westens weitreichende Folgen. Der Herrschaft der Hunnen folgte der Opportunismus der Ostgoten.

Die Vandalen: Von Mitteleuropa nach Afrika

Die bemerkenswerteste der ersten Wanderungswellen war die der Vandalen und ihrer Verbündeten, sowohl was die Dauer und die Länge der Strecke betrifft, als auch wegen ihrer Ziellosigkeit und ihrem letztendlichen Ziel. Diese Menschen oder ihre Nachkommen wanderten

4 K. Horedt, *Siebenbürgen im Mittelalter*, 1986.

vom östlichen Mitteleuropa schließlich bis nach Nordafrika und bauten dort ein Königreich auf, das das Herz des römischen Imperiums bedrohte.

Die Vandalen kamen ursprünglich lange vor 100 n. Chr. aus der Ebene zwischen Oder und Weichsel, zusammen mit den frühen Burgundern und Rugiern. Kulturell gesehen lassen sie sich nicht von anderen ostgermanischen Völkern unterscheiden und erst im späten 2. Jahrhundert machten sie sich durch ihre Südwärtswanderung in Richtung Karpaten und Dakien bemerkbar. 171 n. Chr. tauchte ein Stamm der Vandalen, die Hasdingen, an den Grenzen von Dakien auf und versuchte, sich in der Provinz niederzulassen, eine Bitte, die vom römischen Statthalter abgelehnt wurde. Eine Zeit lang versuchten die Vandalen weiterhin, Rom um Unterstützung zu bitten, doch ab ca. 180 n. Chr. wurde ihre Haltung allmählich feindselig. Die Silingen, ein anderer Stamm der Vandalen, blieb zu dieser Zeit im Bergland von Silesia und zog wohl kaum vor 200 n. Chr. nach Süden. Während der zunehmend turbulenten Zeit nach 230 n. Chr. nahmen die Vandalen weitere Gebiete an der mittleren Donau in Besitz und griffen gemeinsam mit anderen Völkern die römischen Grenzen an, z.B. um 248 n. Chr. mit den Goten und 270 n. Chr. mit den Sarmaten. Ihre Erfolge blieben mäßig und nach einem Debakel im Jahre 270 n. Chr. mussten sie den römischen Streitkräften 2 000 Reiter zur Verfügung stellen. Mit den Goten an der Donau hielten die Vandalen die Verbindung aufrecht, doch gelang es ihnen nicht, sich dort dauerhaft niederzulassen. Erst im frühen 4. Jahrhundert dämmerte Licht am Horizont.

Die als Vandali oder Vandili bekannten Völker waren zur Zeit des frühen römischen Kaiserreiches eine der größten Bevölkerungsgruppen in Ostgermanien. Ihr Gebiet erstreckte sich über die weiten Ebenen und Hügel zwischen Oder und Weichsel. Im frühen 4. Jahrhundert existierten zumindest zwei große Gruppen, die Hasdingen- und die Silingen-Vandalen, die je von einem Familienclan regiert wurden. Für die Vandalen hatten die weitreichenden Veränderungen in der Siedlungsgeografie der Länder nördlich der Donau merkliche Folgen, was sie letztendlich dazu veranlasste, weit in den Westen auszuwandern und einige sogar ganz aus Europa vertrieb.

Etwa um 330 n. Chr. wurden die Hasdingen-Vandalen mit den Terwingen-Goten auf ihrem Weg nach Westen von den Karpaten konfrontiert. Die Vandalen wurden verjagt und baten Kaiser Konstantin, sich in der Provinz Pannonien niederlassen zu dürfen. Möglicherweise wurde diese Bitte einigen Sippen gewährt, die meisten von ihnen blieben jedoch in der Theiß-Ebene und ihre Verwandten, die Silingen-Vandalen, blieben weiter nördlich in Silesia. Außerdem ließen sich andere große Gruppierungen in dieser Gegend nieder und nahmen aktiv an den späteren Zügen nach Westen Teil. Zu diesen zählten die Quaden in der Slowakei und die Alanen, die aus dem Osten nach Pannonien gekommen waren. Sie waren geschickte Reiter, die sich von den Nomaden aus den westlichen Steppen abgespaltet hatten. Die Vandalen fanden sich somit im späten 4. Jahrhundert in einem kulturellen Schmelztiegel wieder und nach 370 n. Chr. verschlechterte sich ihre Lage noch durch den Vorstoß der Hunnen nach Westen. In den letzten Jahren des Jahrhunderts fand sich eine sehr große und sehr gemischte Menschenmenge zusammen und begann, im Westen nach sichereren Siedlungsplätzen Ausschau zu halten. Im Zentrum dieser zusammengewürfelten Koalition standen Vandalen und Alanen, doch auch andere kamen hinzu, sogar verarmte römische Provinzbewohner aus Pannonien, die, da sie nichts beschützen konnten, auch nichts zu verlieren hatten. Viele der Vandalen blieben im Theißbecken und werden dort auch noch ein halbes Jahrhundert später erwähnt. Doch diese Gruppen bauten sich keine stabile Grundlage auf und spielten in der Geschichte weiter keine Rolle.

Die Wanderung nach Westen begann um etwa 400 n. Chr. Der Zug führte zunächst in die Provinz Rätien, wo Stilicho die Vandalenkrieger rekrutierte, um sie gegen die Goten zu führen, die nach Italien eindrangen. In den großen Schlachten gegen Alarichs Gotenarmee bei Pollentia und Cremona spielten die Alanen eine tragende Rolle. Der Hauptzug wanderte jedoch weiter nach Westen zum Mittelrhein, trat spät im Jahre 406 n. Chr. den fränkischen Alliierten Roms entgegen und besiegten diese. Das nächste Stadium sollte die Vandalen und ihre Verbündeten durch Gallien, Spanien und Nordafrika bis schließlich vor die Tore Roms führen.

Die Vandalen waren nicht die einzigen Germanen, die zur See fuhren, doch ihre Fahrten übers Wasser übertrafen die anderer Invasoren bei weitem.[5] Dadurch, dass sie die östliche und südliche Küste Spaniens besaßen, hatten sie Zugang zu Häfen, Schiffen und wahrscheinlich auch zu erfahrenen Seeleuten. Um 426 n. Chr. fühlten sie sich stark genug, die Balearen und die nordafrikanische Küste zu überfallen. Kurz danach beherrschten sie die Straße von Gibraltar, und die reichen Provinzen an den Küsten Afrikas übten offensichtlich eine starke Anziehungskraft auf sie aus, zumal sie selbst die riesigen Ressourcen von Baetica erschöpft hatten. Die Invasion von Afrika im Jahre 428 n. Chr. könnte durch den römischen *comes Africae*, Bonifatius, ausgelöst worden sein, zumindest lauteten so die Gerüchte. Ob dies stimmt oder nicht, sei dahingestellt, auf jeden Fall ist es sehr wahrscheinlich, dass die Vandalen Informationen gesammelt und Kontakte in Afrika geknüpft hatten, bevor sie ihren entscheidenden Zug machten. Der Vandalenführer Guntherich und sein unehelicher Bruder Geiserich (oder Genserich) scharten in den südlichen Häfen ein Gefolge von 80 000 Menschen um sich, von denen etwa ein Viertel Waffen getragen haben dürfte. Noch während dieser Phase starb Guntherich plötzlich und

5 C. Courtois, *Les Vandales et l'Afrique*, 1955, deckt die Geschichte der Vandalen in Afrika ab; H. Diesner, *Der Untergang der römischen Herrschaft in Nordafrika*, 1964, ist eine allgemeinere Untersuchung.

überließ Geiserich das Kommando, einem Mann mit starker Autorität und großen militärischen Fähigkeiten, der über ein Maß an diplomatischer Begabung und politischem Durchsetzungsvermögen verfügte, das unter den germanischen Anführern des 5. Jahrhunderts seinesgleichen suchte. Noch lange nach seinem Tod galt er als klügster Mann. Auf jeden Fall war er einer der skrupellosesten. Er organisierte die Überquerung der Meerenge, indem er seine Leute in 80 Einheiten zu je 1 000 Mann gruppierte, wobei die Überfahrt ohne Zwischenfälle vonstatten gegangen zu sein scheint. Im Mai 429 n. Chr. segelte die Flotte von Iulia Traducta los. Zu den Invasoren zählten neben den Vandalen auch Alanen und Goten. Widerstand von Seiten der Armeen der römischen Provinz, wenn er überhaupt in genügender Stärke auftrat, blieb wirkungslos. Da sich Rom auf die Grenze zur Wüste nach Süden konzentriert hatte, war die Armee auf einen Angriff vom Meer her nicht vorbereitet. Des Weiteren behinderte die Herrschaft der Vandalenflotte über das westliche Mittelmeer die Verteidigung Afrikas, da die afrikanischen Provinzen von der Verstärkung aus Italien und Sizilien abgeschnitten wurden. Innerhalb von weniger als zehn Jahren brachten die Invasoren den größten Teil des Küstengürtels bis Karthago unter ihre Herrschaft. Nur wenige Städte vermochten ihnen Widerstand zu leisten und nie für lange. Die Vandalen und ihre Verbündeten konnten von den reichen Ländereien und Bauernhöfen leben und ihre Bemühungen somit auf die Unterwerfung von Städten, Landsitzen und Kirchen konzentrieren. Kirchen und ihre Schätze waren ein besonders beliebtes Ziel, was möglicherweise Geiserichs Haltung gegenüber der katholischen Kirche widerspiegelt. Er war durch seine nicht-katholische Mutter arianischer Christ, obwohl er angeblich ursprünglich katholisch war und den arianischen Glauben erst später angenommen hatte. Sein Vater war während der großen Rheinüberquerung getötet worden, so dass Geiserich bei der Invasion in Afrika schon in den besten Jahren war. Er sollte die Vandalen ein halbes Jahrhundert regieren und ein scheinbar sicheres Königreich in einer der reichsten Gegenden der mediterranen Welt erschaffen. Doch wie vieles in der Zeit der Völkerwanderung sollte das als sicher Erscheinende bald wieder zerfallen.

Einzelheiten der Eroberung Nordafrikas sind weitgehend unbekannt. Geiserichs Armee und ihr Gefolge schritt überraschend schnell voran und hatte offensichtlich keinerlei Versorgungsprobleme. Nur ein Jahr nach der Invasion erreichten die Vandalen die Stadt Hippo Regius (Annaba), deren Bischof Augustinus war. Drei Monate nach Beginn der Belagerung starb der Bischof. Unter großen Verlusten auf beiden Seiten wurde noch ein ganzes Jahr lang ein erbitterter Krieg geführt. Im Sommer des Jahres 431 n. Chr. zogen sich die Vandalen zurück und erlaubten den Bewohnern, die Stadt zu verlassen. Nur kurze Zeit später errichtete Geiserich hier seinen Sitz. Nun blieb nur noch Karthago. Nach einer kurzen Zeit des Friedens wurde die Hauptstadt der afrikanischen Provinzen in einem Überraschungsangriff im Oktober 439 n. Chr. eingenommen. Die Hauptmacht der Vandalen verlagerte sich von Numidien nach Osten zum prokonsularischen Afrika, und damit zu Ländern mit noch größeren Reichtümern. Somit beherrschten sie eine der wichtigsten Regionen im Mittelmeerraum. Die Einnahme von Karthago war nicht nur ein großer psychologischer Sieg, für viele Beobachter kam Karthago gleich nach Rom und Byzanz. Durch den ausgezeichneten Hafen konnte die Region immer noch eine große Menge Korn exportieren. Geiserich verfügte somit über ungeheure ökonomische Ressourcen sowie über eine der wichtigsten Städte der antiken Welt. Über Geiserichs Verwaltung seines afrikanischen Reiches weiß man wenig. Das römische Administrationssystem trug sicherlich zur weltlichen Organisation des Vandalenkönigreiches bei, nicht zuletzt durch die Eintreibung von Steuern.

Die Einnahme von Karthago bestätigte die Herrschaft der Vandalen in den wichtigsten Regionen Afrikas und brachte Geiserich eine wichtige strategische Basis, von der aus er das zentrale Mittelmeer kontrollieren konnte. 442 n. Chr. erkannte die zu dieser Zeit in Ravenna herrschende Macht Roms das Königreich der Vandalen in Afrika an, es blieb ihnen auch nicht viel anderes übrig. Geiserich musste sich einer Verschwörung in den eigenen Reihen widmen, was er mit brutaler Härte und mit Erfolg tat – er herrschte weitere 35 Jahre. Nach ungeheurem Erfolg schwand die Macht der Vandalen langsam dahin, umso mehr, als Geiserich seinen eigenen Adelsstand geschwächt hatte. Er ging sogar so weit, festzulegen, dass ihm seine ältesten Nachkommen auf den Thron folgen sollten. Als Folge davon waren die Vandalenherrscher nach Geiserich alt und meist schwach. Doch noch sollte sich ein weiterer großer Erfolg einstellen, die Eroberung Roms. Nachdem Valentinian III. 455 n. Chr. ermordet worden war, setzte eine Vandalenflotte nach Italien über und nahm Rom ein, ohne auf Widerstand zu treffen. Die Schätze der Stadt wurden geplündert, auch wenn der Papst ein Massaker verhindern konnte. Hochrangige Gefangene wurden verschleppt, darunter die Kaiserin Eudoxia und ihre beiden Töchter sowie viele Senatoren und erfahrene Handwerker. Die Herrschaft der Vandalen im Mittelmeerraum wurde nun auch noch durch Stützpunkte auf den Balearen, Korsika, Sardinien und Sizilien untermauert. Die wachsende Macht der Berber im Westteil seines Reiches machte Geiserich, nun da er der Herrscher über das Meer und den größten Teil der römischen Getreideversorgung war, wahrscheinlich wenig Sorgen. Durch eine Kombination aus Tücke und kühner militärischer Strategie wurde eine große oströmische Flotte abgewehrt. Das letzte Jahrzehnt seiner Herrschaft zeichnet sich durch eine Reihe geschickt geschlossener Verträge aus, besonders ein Bündnis mit Byzanz im Jahre 474 n. Chr., und einer Vereinbarung mit dem zusammenbrechenden Westreich. Wenige Monate später war Geiserich selbst tot.

Zu keiner Zeit hinterließ die Eroberung Afrikas durch die Vandalen archäologisches Material. Die fruchtbaren Ebenen rund um die römischen Städte von Tipasa und Cherchel waren offensichtliche Anziehungspunkte und in der Nähe beider Orte wurden Schmuckstücke der Vandalen gefunden. Der Fund schöner Gürtelbeschläge aus Tènes bei Cherchel könnte das Eigentum eines Offiziers der Vandalen gewesen sein, stammt aber aus einer römischen Werkstatt und könnte auch einem römischen Befehlshaber gehört haben.[6] Die mächtige Festung Constantine war ebenfalls ein offensichtliches Ziel und aus der Umgebung stammen einige Fundstücke germanischen Ursprungs. Das reiche Hinterland von Karthago wurde wahrscheinlich von den adligen Vandalen in Besitz genommen, die einen Teil der Stadt besetzt hatten. Im 5. und 6. Jahrhundert wurden in der Stadt auch Häuser gebaut. In Hippo Regius und Tipasa bestanden auch in dieser Zeit noch Gemeinden, wenn auch wahrscheinlich gemischte. Die zentralen Häuser in Cherchel wurden im 5. Jahrhundert radikal umgebaut und die monumentalen Gebäude durch Holzkonstruktionen auf Steinfundamenten ersetzt.

6 J. Heurgon, *Le tresor de Tènes*, 1958. Das meiste germanische Material von der Küste ist nicht publiziert.

Anderswo gibt es kaum Funde, die sich einigermaßen plausibel auf die Vandalen zurückführen lassen. Zwei Gräber bei Hippo Regius (Annaba) enthielten Fibeln und eine vergoldete Gürtelschnalle aus Bronze, zu denen sich analoge Stücke im östlichen Mitteleuropa finden. Auch spätrömische Glasscheiben und Knochennadeln fand man in den Gräbern. Andere germanische Objekte im Museum von Annaba könnten die Vandalen im 5. Jahrhundert mitgebracht haben. In Karthago und an zwei weiteren Orten in Cyrenaica fand man ostgermanisches Material, doch ist hier der Kontext unklar.

Von der Donau nach Spanien: Die Westgoten im Imperium

Die archäologischen Belege für die Bevölkerung im Hinterland des Schwarzen Meeres, der Ukraine und der unteren Donauebenen im 4. Jahrhundert konzentrieren sich auf die Reste einer einzelnen Kultur. 1900 wurde bei Černiachov nahe Kiew[7] ein Friedhof ausgegraben, dessen Grabbeigaben sich schnell mit Funden in der Ukraine und in Rumänien in Verbindung bringen ließen. Im Laufe des Jahrhunderts wurde die Černiachov-Kultur näher definiert. Diese Menschen lebten im Gebiet zwischen der unteren Donau und dem unteren Donbecken sowie in weiten Teilen der Ukraine bis Kiew und Lwow. Die meisten Funde stammen von Friedhöfen, doch liefern Hortfunde und Siedlungen zunehmend mehr Informationen. Mittlerweile steht fest, dass es im Hinterland des Schwarzen Meeres im späten 3. Jahrhundert größere Ver-

7 A. Häusler, *Zeitschrift für Archäologie* 13, 1979, 23–65; M. B. Shchukin, *Rome and the Barbarians in Central and Eastern Europe, 1st Century BC to 1st Century AD*, 1989; K. Horedt, *Siebenbürgen im Frühmittelalter*, 1986; P. Heather und J. Matthews, *The Goths in the Fourth Century*, 1991, 51–102, guter allgemeiner Überblick.

Gotische Silbergürtelschnalle aus Kalisz (Polen). Ca. 400 n. Chr.

Gotische Gürtelschnalle mit goldenem Adler aus der Krim. 5. Jahrhundert n. Chr.

änderungen in der Materialkultur gegeben haben muss, und es gibt keinen Zweifel darüber, dass diese Veränderungen stark durch die Zuwanderung von Menschen aus dem Norden beeinflusst oder sogar initiiert worden sind. Eine Verbindung mit den gotischen Völkern ist unvermeidbar.

Die Ursprünge der Černiachov-Kultur scheinen trotz ihrer raschen Verbreitung bis zur unteren Donau im oberen Dnjestertal zu liegen. In der Mitte des 4. Jahrhunderts entstanden an der Donau und im Hochland von Transilvanien mehrere große Bevölkerungszentren. Einige dieser Zentren waren wesentlich größer als zeitgleiche Siedlungen von Barbaren in Westeuropa, manche von ihnen erstreckten sich über 20–30 ha, doch bei keiner fanden sich Verteidigungsanlagen. Sechs oder sieben der bekannten Anlagen schienen große Bedeutung zu haben und zumindest einige davon könnten königliche Machtzentren gewesen sein. Bei der Mehrheit dieser Siedlungen ist der gesellschaftliche Kontext immer noch unklar. Einige Talabschnitte waren mit verstreuten Dörfern mit hölzernen Lang- und Grubenhäusern gesäumt, wie sie mit ähnlichem Grundriss im mittleren und westlichen Germanien auftreten,

Goldene Gittertasse mit Leopardengriffen aus dem Pietroasa-Schatz. Mitte des 5. Jahrhunderts n. Chr.

wobei die größten Langhäuser in der Ukraine und entlang der Küste des Schwarzen Meeres gefunden wurden. An der Donau wurden hingegen üblicherweise Grubenhäuser gebaut.

Hinter der frühen Entwicklung von Černiachov steht eine lange Tradition von Verbindungen mit dem Mittelmeerraum, die bis in die Zeit der griechischen Siedlungen am Schwarzen Meer zurückreicht. Im 2. Jahrhundert n. Chr. verstärkten sich diese Beziehungen noch und römische Münzen gelangten in die Ukraine, von denen viele als Schatzfunde in den Tälern von Dnjester und Dnjepr endeten. Diese Währung bestand größtenteils aus hochwertigem Silber und stammte wohl eher aus Unterstützungszahlungen Roms denn aus Handel oder Beutezügen. Noch beeindruckender sind die vielen schönen, aus den römischen Provinzen eingeführten Bronze- und Glasgefäße, die ähnlich ihren Gegenstücken in Nordwesteuropa vorwiegend in Gräbern gefunden wurden. Diese Güter wurden wahrscheinlich gegen die Produkte der fruchtbaren Ukraine wie Korn und Tiere eingetauscht. Vom Handel über die Donaugrenze hinweg profitierten beide Seiten und im 4. Jahrhundert mag sich sogar ein gemeinsamer Markt gebildet haben. Die römischen Händler wollten die Handelswege mit den Völkern nördlich der Donau gerne offen halten, was die große Zahl der Münzen aus der Mitte des 4. Jahrhunderts belegt, die nördlich der Grenze gefunden wurden. Ein Teil dieser Mittel wurde ausgegeben, um Barbaren für die römischen Streitkräfte zu rekrutieren, wodurch sie römische Waren und Lebensmittel kaufen konnten. Die meisten dieser Münzen wurden wohl nach dem Vertrag der Römer mit den Goten im Jahre 332 n. Chr. eingetauscht, doch stellten sie in der Wirtschaft der von den Goten und anderen Völkern besetzten Länder wohl keine bedeutende Komponente dar. Die Wirtschaft stützte sich hauptsächlich auf die Landwirtschaft, die normalerweise etwas über dem reinen Existenzbedarf lag, auch wenn sie anfällig für Dürreperioden und schlechte Ernten war. Trotzdem würde man zu weit gehen, wenn man davon ausginge, dass die Siedler stark von der Unterstützung durch Nahrungsmittel aus der römischen Welt abhingen. Den Anstoß für die Wanderungen der Goten und anderer Völker gab nicht die wirtschaftliche Notwendigkeit, sondern die erschreckende Realität der Hunneninvasion in den Ländern am Schwarzen Meer.

Kulturelle wie kommerzielle Einflüsse können sich über die Donau hinaus bis in die Ukraine erstreckt haben. Bis ins späte 3. Jahrhundert blieb die Feuerbestattung bei den Grabsitten vorherrschend, obwohl es bei der Beisetzung der Toten und ihren Beigaben große Unterschiede gab. In den Jahrzehnten nach 275 n. Chr. verbreitete sich die Erdbestattung in der Region immer weiter. Dies weist zwar auf die Grabsitten in den römischen Provinzen hin, muss aber nicht unbedingt den Vormarsch des Christentums unter den Goten nach der Anerkennung von Ulfila als ihrem Bischof widerspiegeln. Manche der Brandbestattungen aus dem 3. Jahrhundert sind germanischen Gräbern in Mitteleuropa nicht nur ähnlich, sie enthalten sogar Keramik aus dieser Gegend. Das vorherrschende Bild ist das einer gemischten Bestattungstradition einer heterogenen Bevölkerung, die sich in den Ebenen zwischen dem Schwarzen Meer und der Donau versammelte.

Um 350 n. Chr. stellten die Völker, die die Länder jenseits der römischen Grenzen von der Nordsee bis zum Schwarzen Meer besetzten, keine ernsthafte Bedrohung der Macht Roms in West- und Mitteleuropa dar.[8] Roms militärische Stärke und diplomatisches Geschick hielten die Völker außerhalb in Schach, selbst wenn diese Überfälle auf die Grenzgebiete verübten oder die Sicherheit der Provinzen anderweitig bedrohten. Innerhalb von nur 70 Jahren änderte sich dies grundlegend, und die wachsende Stärke der Barbaren war im späten 4. und 5. Jahrhundert nicht mehr zu übersehen. Der Adel in Rom mochte zwar die Hände ringen angesichts der Veränderungen in ihrer Welt, aber Zweifel daran konnten sie nicht haben.

Beim Versuch, den Grund für diese ungeheuren Veränderungen zu finden, stößt man schnell auf Schwierigkeiten. Selbst die zeitliche Abfolge ist an verschiedenen wichtigen Punkten noch nicht eindeutig geklärt. In den überlieferten Quellen findet man häufig unterschiedliche Daten für bestimmte Ereignisse und es ist meist unmöglich, sie der Zuverlässigkeit nach zu ordnen. Drei der besseren Quellen aus dem 5. Jahrhundert weisen einem so gut belegten Ereignis wie der Niederlassung der Westgoten im südwestlichen Gallien unterschiedliche Daten zu. Das spielt in diesem Fall kaum eine Rolle, da diese Unterschiede nur einen Zeitraum von vier Jahren umfassen, doch bei Begebenheiten, für die es nur eine einzige, nicht sehr vertrauenswürdige Quelle gibt, wird die Lage schwierig.

Die schriftlichen Quellen müssen außerdem im Hinblick auf die Anzahl der Menschen, die an den Invasionen der römischen Welt teilnahmen, unter Vorbehalt betrachtet werden, da wir nicht wissen, wie sich diese Zahlen errechneten. Wer hatte sie gezählt und wie? Selbst heute gibt es bei Schätzungen von Menschenmengen bei Demonstrationen und

8 H. Wolfram, *Geschichte der Goten*, 1979; J. H. W. G. Liebeschutz, *Barbarians and Bishops*, 1990, 48–88; P. Heather, *Goths and Romans*, 1991; *The Goths*, 1996; M. Rouche, *L'Aquitaine des Wisigoths aux Arabes*, 1979; M. Kazanski, *Les Goths*, 1991.

Massenveranstaltungen üblicherweise starke Abweichungen bei den genannten Zahlen. Von den antiken Schätzungen sind sicherlich einige zu hoch. Bemerkenswert ist, dass einige Gesamtsummen häufiger auftreten: die Zahl 80 000 tritt mindestens dreimal, 50 000 mindestens zweimal auf. Geht man davon aus, dass diese Zahlen auch die Nicht-Krieger einschließen, liegen sie im Rahmen des Möglichen, sind aber nicht von einer anderen Quelle gesichert. Die meisten Invasionsarmeen dürften kleiner gewesen sein. Die Goten und andere Völker, die nach 376 n. Chr. im nördlichen Balkangebiet operierten, könnten 10–20 000 Kämpfer in die Schlacht geschickt haben. Die Streitkräfte Alarichs in Italien im frühen 5. Jahrhundert könnten 30 000 Männer umfasst haben, aber kaum mehr. Nach dem Maßstab der spätrömischen Welt war das eine große Streitmacht, die durch Deserteure, Sklaven und andere unabhängige Personen noch verstärkt werden konnte. Bewegliche Heere wie das von Alarich konnten in Größe und Zusammensetzung ständig schwanken, manchmal wuchsen sie, oder sie spalteten sich nach einer Niederlage auf. Über kleinere Barbarengruppen, die in das Römische Reich einwanderten, ohne sich auf Kämpfe einzulassen oder anderweitig das Interesse unserer Informanten auf sich zu lenken, haben wir nur sehr wenig Kenntnisse. So ließen sich zum Beispiel kleinere Gruppen von Franken im späten 4. und frühen 5. Jahrhundert, scheinbar ohne auf Widerstand zu treffen, westlich des Rheins nieder, und südlich der oberen Donau tauchten im späten 4. Jahrhundert andere germanische Sippen auf, die möglicherweise von den Römern selbst dort angesiedelt wurden. Die spätrömischen Schreiber interessierten sich jedoch hauptsächlich für die großen Bataillone, wohingegen kleinere Gruppen, die ihren eigenen Beitrag zur frühen Phase der Völkerwanderung leisteten, unerwähnt blieben.

Der Einfall der nomadischen Hunnen aus Westasien in den frühen 370er-Jahren war sicherlich der Hauptanreiz für die Wanderungen der Goten. Die Hunnen trieben die Goten zwar nicht direkt über die römische Grenze an der Donau, aber sie zerstörten die beiden Gotenstaaten am Schwarzen Meer, das von Ermanarich dem Ostgoten und später das der Westgoten unter Athanarich. In den folgenden 80 Jahren fielen viele Ostgoten der Herrschaft der Hunnen zum Opfer. Die Westgoten konnten notfalls nach Süden ausweichen und 376 n. Chr. nahmen viele von ihnen diesen Weg. Die Hunnen selber stießen nicht weiter zur unteren Donau vor und hatten vorerst die Grenzen ihrer militärischen Macht erreicht. Das Nächste, was man von ihnen hörte, war, dass sie Kleinasien angriffen, nicht den nördlichen Balkan.

Im Frühjahr 376 n. Chr. zog eine große Zahl der Terwingen-Goten an die Ufer der Donau und bat die örtlichen Befehlshaber um die Erlaubnis, die Grenze zu passieren. Kaiser Valens wurde zurate gezogen und er stimmte zu, dass den Terwingen der Zugang gestattet werden konnte, andere Goten aber ausgeschlossen bleiben sollten. Im Sommer dieses Jahres zogen viele Terwingen unter Begleitung über die Donau. Sie wurden zwar geduldet, es gab jedoch kein formelles Abkommen. Angesichts der antiken Quellen erhält man den Eindruck, dass vor dem späten 4. Jahrhundert zwei große Gotenvölker existierten, die Ost- und die Westgoten. Speziell Jordanes unterstreicht die vollständige Kontinuität der Goten, die im 3. und frühen 4. Jahrhundert die römische Grenze angriffen, bis zu den großen Gruppierungen im späten 4. und 5. Jahrhundert. Dies muss ernsthaft hinterfragt werden, und in den letzten 40 Jahren wurde dieses Thema besonders von Wenskus und Wolfram eingehend untersucht und für ungenügend erforscht befunden. Wenskus hielt einen Kern von Adligendynastien für das bindende Element in den gotischen Gesellschaften. Durch militärische Führung wurden diese Familien zumindest eine Zeit lang zusammengehalten. Diese militärische Führungsposition war nicht exklusiv, es konnte auch ein Führer gewählt werden, der nicht den Goten angehörte, und dadurch zu einem der ihren wurde. Die Streitkräfte, die sie befehligten, setzten sich aus einer großen Anzahl ethnischer Gruppen und Stämme zusammen. Diese These wird durch die archäologischen Funde nördlich der unteren Donau gestützt. In der Nähe der mittleren Donau bei Pannonien und Rätien gab es eine weitere Völkeransammlung, zu denen Sarmaten, Rugier, Heruler und möglicherweise auch Goten zählten. Außerdem sollte man nicht außer Acht lassen, dass die große Invasion in Gallien im Jahr 407 n. Chr. von Alanen, Sueben, Alamannen und mit Sicherheit noch anderen ethnischen Einheiten unternommen wurde.

Als 374/5 n. Chr. die Gotenreiche nördlich des Schwarzen Meeres zusammenbrachen, gab es wenig Alternativen außer sich den Hunnen zu unterwerfen oder ins Römische Reich zu flüchten. Eine große Gruppe, die Greuthungen unter den Anführern Alatheus und Saphrax, zog schnell nach Westen. Eine weitere beträchtliche Gruppe, die Terwingen, verließ ihren Anführer, der sich den Hunnen entgegenstellen wollte und zog ebenfalls nach Westen zur Donau. Im Frühling des Jahres 376 n. Chr. baten diese großen Gemeinschaften um die Erlaubnis, die Donau zu überqueren. Kaiser Valens, der um Rat gefragt worden war, gewährte zwar den Terwingen diese Bitte, die Greuthungen sollten jedoch ausgeschlossen bleiben. Einige Monate später überquerten die Terwingen die Donau zwar mit Genehmigung, jedoch nicht mit einem offiziellen Abkommen. Man weiß nicht, welche Gründe diese Entscheidung hatte, denn diese Einigung scheint eine ad-hoc-Lösung für ein Problem von außergewöhnlicher Größe gewesen zu sein. Die Goten versprachen, sich friedlich zu verhalten und gegebenenfalls militärische Unterstützung zu leisten und erhielten als Gegenleistung Siedlungsgebiet in Thrakien.

Die Gelehrten stritten mehr als ein halbes Jahrhundert darüber, wie die Goten dieses Siedlungsgebiet erhalten hatten. Antike Schreiber, vor allem Ammianus Marcellinus und Eunapius geben an, dass die Goten sich der Macht Roms unterworfen hätten und anboten, ihre Waffen niederzulegen. Letzteres ist ziemlich unwahrscheinlich und wird durch den massiven Erfolg der Goten, die nur zwei Jahre später eine große römische Armee besiegten, noch weniger glaubhaft. Unter den zwingenden Umständen im Jahre 376 n. Chr. ist es eher möglich, dass man auf rechtliche Normen verzichtete und den Gotenkriegern erlaubte, ihre Waffen zu behalten, damit sie in römischen Diensten kämpfen konnten.

Die Quellen geben keinen Aufschluss darüber, wie die Goten genau in Thrakien angesiedelt wurden, doch war die Zuteilung offensichtlich nicht ausreichend. Schon bald nach der Ankunft der Goten machte sich Lebensmittelknappheit bemerkbar und die Situation verschlimmerte sich noch, gemäß Ammianus, durch die Bestechlichkeit römischer Offiziere. Daher kam schon früh böses Blut auf, das durch das Desinteresse Kaiser Valens' an der Situation der Goten zunehmend verschärft wurde. Zwar war ihm ein großer Zustrom an Kriegern zur Unterstützung der Grenze an der unteren Donau in dieser schwierigen Zeit willkommen – besonders da auch die Gefahr eines Krieges mit Persien drohte –, doch die Probleme, welche die Goten mit sich brachten, interessierten ihn nur wenig, so lange sie unter Kontrolle gehalten werden konnten.

Auf diese Weise machte sich schon Spannung in den Beziehungen mit den römischen Behörden bemerkbar, kaum dass die Goten die Donau überquert hatten. Lupicinus, ein römischer Befehlshaber, versuchte die Terwingen auf brutale Weise zu schwächen, indem er ihre Anführer eliminierte, was jedoch scheiterte und einen Aufstand der Goten gegen ihre Gastgeber zur Folge hatte. Nach den Ereignissen des Jahres 376 n. Chr. waren sowohl Römer als auch Goten unschlüssig, wie sie sich weiter verhalten sollten, denn keine Seite hatte ein klar definiertes Ziel oder verfolgte eine bestimmte Politik. Die Goten wollten zumindest ihre Siedlungen in Thrakien beibehalten und ihre Kriegerbanden schwärmten bald auf der Suche nach Beute gen Süden und Westen aus. Zunächst beschränkte sich die römische Strategie darauf, dafür zu sorgen, dass diese Banden nördlich des Haemimontus blieben, doch als die Hunnen und andere Nomaden Bündnisse mit den Goten schlossen, wurde dies unmöglich. Im Frühsommer 378 n. Chr. wurde Kaiser Valens zum Handeln gezwungen und führte eine Armee aus den östlichen Provinzen auf den Balkan. Sein Mitkaiser Gratian sollte eine große Streitmacht aus dem Westen herbeiführen, wurde jedoch an der Rheingrenze aufgehalten. Valens entschied sich, allein auf Sieg zu setzen, wusste jedoch nicht, dass die Information, die er erhalten hatte, dass ein Großteil der Goten nicht da sein würde, falsch war. Am 9. August führte Valens seine Armee aus Hadrianopolis (Adrianopolis, dem heutigen Edirne) gegen die Goten und ihre Verbündeten. Die Taktik der Römer erwies sich gegenüber einer Streitmacht, die um so viel größer war, als sie erwartet hatten, als nutzlos. Auf dem Schlachtfeld von Hadrianopolis fielen der Kaiser selbst und zwei Drittel seiner Soldaten, insgesamt etwa 20 000 Mann. Es war eine Niederlage in der Dimension der Schlacht bei Cannae oder der Varusschlacht in den Wäldern Germaniens. Die Goten schwärmten nun über den nördlichen Balkan zum Hellespont und wollten Byzanz selbst angreifen. Dieser Plan wurde zwar nicht verwirklicht, doch das Ausmaß der Katastrophe für das Imperium ließ sich nicht verleugnen. In den beiden darauf folgenden Jahren waren die Goten die Herrscher auf dem nördlichen Balkan. Sie konnten jedoch aus ihrem Erfolg kein Kapital schlagen und ihre grundlegenden Bedürfnisse nach Nahrung trieben sie weiter westwärts nach Dakien und Dalmatien. 380 n. Chr. errangen sie einen weiteren Sieg über die Römer, der in den überlieferten Quellen kaum erwähnt wird. Damit kam ihre nunmehr vierjährige Wanderschaft vorübergehend zum Stillstand.

Trotz des Erfolges der Goten war das Ergebnis letztendlich ein Patt. Der folgende Frieden resultierte aus einem Gleichgewicht zwischen den starken Verlusten, die die Goten seit 376 n. Chr. erlitten hatten und der römischen Unfähigkeit, sie auf dem Schlachtfeld zu besiegen. Um ihre eigenen Interessen zu wahren, wandten sich die Anführer der Goten der Diplomatie zu und fanden unter den einflussreichen Personen in Rom Gehör. Der Redner Themistios wies darauf hin, dass die Goten durch Freundschaft eher zu gewinnen seien als durch Krieg und erwartete, sie in die Gemeinschaft der römischen Provinzen einzugliedern. In der Haltung der Römer gegenüber einem Barbarenvolk bezeichnet dies eine große Veränderung, doch bildete es in keiner Weise die Grundlage für eine neue Politik gegenüber eindringenden Völkern im Allgemeinen. Eine andere Gruppe von Goten, die in den frühen 380er-Jahren an der unteren Donau auftauchte, wurde energisch zurückgeschlagen und viele ihrer Angehörigen getötet. Die Gefangenen siedelte man in Kleinasien an und zwang sie, Militärdienst zu leisten oder auf dem Feld zu arbeiten.

Über ein Jahrzehnt lang, von 382–95 n. Chr., blieben die Beziehungen zu den Goten auf dem Balkan stabil, wenn auch längst nicht unproblematisch.

In den sechs Jahren nach Hadrianopolis gab es eine Reihe von Feldzügen und Schlachten zwischen Gotenarmeen und den von Gratian und später von Theodosius aufgestellten Streitmächten, die jedoch zu keinem entscheidenden Ergebnis führten. Die Goten erlitten schwere Verluste auf dem Schlachtfeld, blieben jedoch unbesiegt. Als Gegenleistung für militärische Dienste erhielten sie Siedlungsland und durften unter ihrer eigenen Gesetzgebung dort leben. Der gotische König Fritigern wurde von den Römern nicht als Anführer anerkannt und wird nach 380 n. Chr. nicht mehr erwähnt. Zwei Jahre später wurde zwischen dem Imperium und zumindest einem Teil der Goten ein Vertrag geschlossen, der, bis 396 n. Chr. Alarich zum neuen Anführer wurde und ihre Ambitionen bald in eine andere Richtung lenkte, die Basis für die Beziehungen zwischen Goten und Römern blieb.

Alarichs Position um 395 n. Chr. ist nicht ganz klar. Er hatte bei einem Aufstand der Goten nach 388 n. Chr. eine Rolle gespielt, könnte danach jedoch auch versucht haben, sich ein Kommando innerhalb des römischen Heeres zu sichern. In den nächsten 15 Jahren strebte er weiterhin danach, sich ein hohes militärisches Amt im Imperium zu verschaffen. Streitigkeiten innerhalb des Reiches und die dazugehörigen politischen Machenschaften unterstützten sein Vorhaben. 397 n. Chr. erhielt Alarich sein militärisches Kommando und verlagerte innerhalb von zwei Jahren seinen Interessenschwerpunkt vom Balkan nach Italien. In den nächsten elf Jahren führte er drei Invasionen auf die Halbinsel an und erschütterte Rom in ihren Grundfesten. Im Herbst 401 n. Chr. stellte er sich zweimal den Armeen Stilichos zur Schlacht, bei Verona und bei Pollentia. Beide Schlachten waren zwar nicht entscheidend, verschafften Alarich aber auch keinen Vorteil, so dass er sich auf den Balkan zurückzog. Nicht nur Alarich hatte ein Auge auf Rom geworfen. 405 n. Chr. führte Radagais eine gemischte Streitkraft durch die Alpen, wurde jedoch zurückgeworfen, wenn auch einige seiner Anhänger in Italien blieben.

408 n. Chr. erweiterte der Usurpator Konstantin III. seine Herrschaft über Gallien hinaus bis zu den Alpen und den Pyrenäen, kurz darauf wurde der Fall Stilichos inszeniert. Italien war nun praktisch Alarichs Gnade ausgeliefert. Er sammelte eine mächtige Armee um sich und rückte nach Süden gegen Rom vor. Immer noch suchte er das Bündnis mit Rom, eine anerkannte Stellung für sich selbst, Zahlungen in Form von Gold und Korn sowie ein dauerhaftes Siedlungsrecht in Norditalien und den Tälern Rätiens. Es wurde keine Einigung erzielt und so marschierte Alarich nach Rom, das er am 24. August des Jahres 410 n. Chr. einnahm. Die Plünderung Roms hatte, obwohl sie die mediterrane Welt in ihren Grundfesten erschütterte, keine militärische oder politische Bedeutung, und sie half auch Alarichs Goten nicht weiter. Die Armee rückte weiter nach Süden vor, um sich auf die Invasion Siziliens mit seinem Nahrungsmittelreichtum vorzubereiten. Bevor jedoch etwas unternommen wurde, starb Alarich plötzlich, ohne dass er die Zukunft seines Volkes hatte sichern können. Sein Schwager führte im Frühling 411 n. Chr. die Goten nordwärts durch Italien nach Südgallien. In Narbonne heiratete er mit großem römischem Pomp Galla Pla-

cidia, die Stiefschwester des Honorius. Athaulfs Absicht war es sicherlich, hinter dem Thron die Regierungsgeschäfte zu führen. Sein und Placidias Sohn wurde Theodosius genannt. Eine Bemerkung, die Orosius überliefert hat, bringt seine Haltung gegenüber dem Imperium auf den Punkt: Zunächst beabsichtigte er, Rom durch Gothia zu ersetzen, entschied sich dann jedoch dafür, Rom durch die Macht der Gotenarmee zu unterstützen. Zur Verfolgung dieser Ziele blieb ihm allerdings wenig Zeit. Er und einige Familienmitglieder wurden bald darauf ermordet, darunter Wallia, von dem vor seiner Ernennung kaum etwas bekannt ist. Während der folgenden sechs Jahre blieben die Goten in ihrer Enklave in Südgallien, doch langfristig gesehen war ihre Zukunft immer noch unklar. Im Jahr 417 n. Chr. folgte Theoderich Wallia auf den Thron. Danach stabilisierten sich die Beziehungen zwischen den Goten und dem Imperium. 418 n. Chr. erzielte man schließlich eine Einigung und der Hauptteil der Goten ließ sich in Aquitanien zwischen und um Toulouse und Bordeaux nieder. Theoderich erhielt zwar kein römisches Kommando, aber sein Volk musste offenbar auch keine Steuern entrichten. Der wichtigste Gewinn für die Goten waren Land und eine unabhängige Existenz ohne direkte römische Einmischung. Warum die Goten genau diese Region von Gallien erhielten und was man von ihnen dafür erwartete, wurde ein halbes Jahrhundert lang heiß diskutiert. Man vermutete, dass sie große Landgüter gegen aufständische Bauern schützen sollten oder die Atlantikküste gegen Piraten. Keine der Thesen ist überzeugend. Der Vertrag von 418 n. Chr. könnte nichts anderes bedeuten, als dass man die Goten da unterbrachte, wo sie für das Imperium keine unmittelbare Gefahr darstellten, aber von wo aus man sie zuhilfe rufen konnte, wenn man sie brauchte. Für Rom war die Sicherheit Spaniens unter den unberechenbaren Umständen des frühen 5. Jahrhunderts von offensichtlicher Bedeutung und die Verbündeten wurden in Aquitanien stationiert, von wo aus sie dort gut eingreifen konnten. Noch bevor sie sich an der Garonne niederließen, vereinigten sich die Goten mit den Armeen des Imperiums, um die Silingen-Vandalen und die Alanen von der Halbinsel zu vertreiben. Um 422 n. Chr. wurden sie erneut in Spanien gegen die Hasdingen-Vandalen eingesetzt. In den nächsten Jahrzehnten fungierten die Westgoten als mehr oder weniger zuverlässige Verbündete des Imperiums und sollten eine wichtige, wenn auch nicht entscheidende Rolle bei der Vertreibung der Hunnen aus Gallien spielen.

Das Land, das die Westgoten besiedelten, war im 5. Jahrhundert eines der reichsten im Westen.[9] Viele große Villen waren noch bewohnt, zweifellos getragen von fruchtbaren Ländereien. Viele dieser Villen waren nicht einfach nur Relikte des goldenen spätrömischen Zeitalters, sondern auch nach 400 n. Chr. wurden noch neue Mosaikböden verlegt und im 5. Jahrhundert tritt eine bemerkenswerte Reihe marmorner

9 M. Rouche, *L'Aquitaine des Wisigoths aux Arabes*, 1979; M. Kazanski, *Les Goths*, 1991.

Von der Donau nach Spanien: Die Westgoten im Imperium

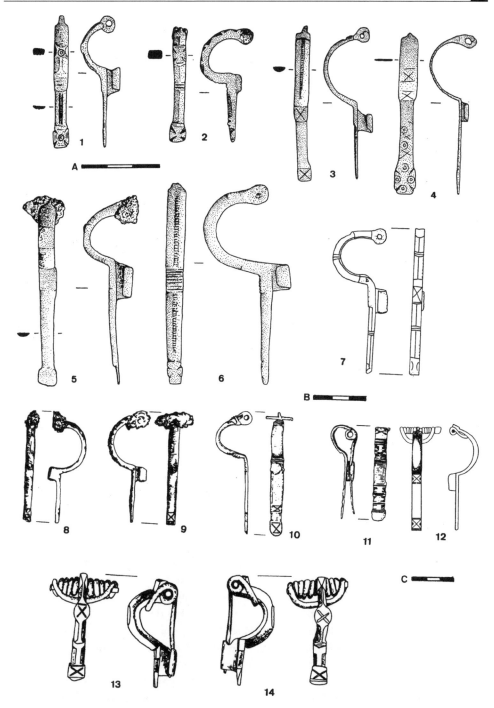

Westgotische Fibeln aus Südgallien und Spanien; 5. bis frühes 6. Jahrhundert n. Chr. 1. Rodelle. 2. Aspiran. 3. Roujan. 4. dép Hérault. 5. Tolouse. 6. Estagel (All Aquitaine). 7. Carpio de Tajo. 8. und 9. Duraton (Spanien). 10. und 11. Conimbriga (Portugal). 12. Grebieten. 13. und 14. Grodek (Polen)

Reliefsarkophage auf. Die meisten davon kommen im Garonnebecken vor, sind aber bis zur Mittelmeerküste hin verbreitet, so dass eine Verbindung mit dem Adel der Goten denkbar ist. Die Handwerker jedoch, die diese schönen Grabmonumente herstellten, standen offensichtlich in einer gallo-römischen Tradition und zu ihren Kunden dürften auch gallische Landbesitzer gezählt haben. Einige Anführer der Goten besetzten wahrscheinlich die großen Landgüter oder heirateten in die gallo-römische Elite ein, was wohl zum gleichen Ergebnis geführt haben dürfte.[10] In den Villen von Aquitanien wurden nur wenige Gegenstände germanischen Ursprungs gefunden, was jedoch daran liegen kann, dass die Siedler von 418 n. Chr. nur wenig Güter mit sich brachten und später auch nur begrenzten Zugang zu Material außerhalb Südwestgalliens hatten. Im Garonnetal und in geringerem Umfang entlang der unteren Rhone südlich von Lyon fand man Gegenstände, die die Goten eingeführt hatten.

Die deutlichste Beschreibung eines Herrschers der Goten im Westen gibt uns, wenn auch in literarischer Form, Sidonius Apollinaris anlässlich seiner Besuche am Hof von Theoderich II. in den frühen 460er-Jahren.[11] Der Bericht aus den Tagen des Königs zeigt eine Regierungsform, die der eines spätrömischen Imperators gleicht. Der König begann seinen Tag zusammen mit seinen Bischöfen im Gebet, gefolgt von Tätigkeiten, die für einen römischen Kaiser oder Adligen normal gewesen wären: die Anhörung von Petitionen, Jagd, Essen am Nachmittag, Spiele, Schreibarbeiten und Abendmahl mit musikalischer Begleitung. Solch eine Routine zeugt vom besänftigenden Einfluss, den die gallo-römischen Behörden auf den westgotischen Hof hatten und von der Anerkennung einer seit langem bestehenden höfischen Lebensart durch den König. Diese engen Verbindungen zwischen den gotischen Anführern und der noch existierenden gallo-römischen Adelsschicht blieben bis in die frühen 460er-Jahre bestehen. Mit den wachsenden Ambitionen der Westgoten änderten sich diese Beziehungen schließlich.

Um 450 n. Chr. begannen die Goten, über ihr Gebiet in Aquitanien hinauszuschauen und ihr Reich zu erweitern. Sie eilten Aëtius zuhilfe, als er sie 451 n. Chr. um Unterstützung gegen die Invasion der Hunnen bat, und ihre Streitkräfte spielten bei der Abwehr dieser Fluten eine große Rolle. 455 n. Chr. schlugen sie sich auf die Seite der gallo-römischen Senatoren, um Avitus zum Imperator zu ernennen. Dies führte zu einem kurzen Vorstoß nach Spanien, der von der Zentralregierung schnell aufgehalten wurde. Doch die Goten konnten sich nach Südgallien ausbreiten und nahmen 462 n. Chr. Narbonne ein, was ihnen Zugang zum Meer und eine gestärkte Position im westlichen Mittelmeer verschaffte. Aquitanien war eine günstige Ausgangsstellung, aber keine, die größere Gelegenheiten für weitere Machtexpansionen bot.

---

10 Die großen Villen bei Lalonquette, Plassac, Mienne-Marboue und Montreal-Seviac wurden im 5. Jahrhundert renoviert, in Orbessan, Sarbazon und Sorde-l'Abbaye wurden neue Mosaiken angebracht.

11 Sidonius Appolinaris, *Epistles*, 1, 2.

Spanien versprach in Bezug auf Strategie bessere Aussichten, und seine zahlreichen Städte stellten ein Netzwerk an Reichtum dar. 466 n. Chr. kam Eurich bei den Westgoten an die Macht und nahm schnell einen Großteil Südgalliens ein. Nach 473 n. Chr. schwärmten seine Armeen über die Pyrenäen und Nordspanien aus.[12] Saragossa und Pamplona fielen ihnen anheim und Tarragona wurde belagert. In den nächsten zehn Jahren erweiterte Eurich seine Herrschaft über einen großen Teil der Iberischen Halbinsel, außer im äußersten Nordwesten. In der Zwischenzeit hatte das Römische Westreich aufgehört, als eine politische Einheit zu existieren.

12 E. A. Thompson, *The Goths in Spain*, 1969; H. Wolfram, *The Roman Empire and its Germanic Peoples*, 1997.

Während Eurich seine Machtposition in Südgallien und Spanien ausbaute, verstärkten die Franken ihre Stellung in Nordgallien und dehnten ihren Einfluss nach Süden zur oberen Seine und dem Rhonebecken hin aus. Spätestens um 470 n. Chr. vereinigten sich die Franken zu einer eindrucksvollen Militärmacht, auf die sogar Byzanz aufmerksam wurde. Ständig wurden unterschiedliche Frankeneinheiten aus dem Rheinland, Flandern und dem Seine-Marne-Becken zusammengeführt. Innerhalb einer Generation wurden die Franken zur dominierenden Macht im nördlichen und östlichen Gallien und sie begannen, sich nach Süden hin zu orientieren. Nach etwa 486 n. Chr. führte Chlodwig etwa 20 Jahre lang mehrere Feldzüge gegen seine Nachbarn. Im letzten Jahrzehnt des Jahrhunderts begannen die Franken, den Westgoten gegenüberzutreten und ein entscheidender Zusammenstoß war unvermeidlich. Es kam zu Kämpfen um einzelne Städte: Die Franken nahmen Saintes ein und verloren es wieder an die Goten, sie nahmen Bordeaux und Tours. Der entscheidende Zusammenprall kam im Jahre 507 n. Chr., als Clodwig in die nördlichen Gebiete des Westgotenreiches einmarschierte. Er traf die Armee der Goten bei Vouillé in der Nähe von Poitiers und schlug seine Gegner, zu denen auch viele gallo-römische Senatoren zählten, in die Flucht. Damit war die Herrschaft der Westgoten über Gallien, obwohl sie von ihren ostgotischen Brüdern in Italien Unterstützung erhielten, praktisch am Ende. Sie behielten noch einen Teil von Südwestgallien, die Zukunft ihres Reiches lag jedoch eindeutig in Spanien.

Die Ostgoten und Italien[13]

Nach ihrer Vertreibung durch die Hunnen im späten 4. Jahrhundert blieben die Ostgoten, oder zumindest die meisten von ihnen, für über 70 Jahre unter der Herrschaft der Hunnen, auch wenn sie, nachdem sie von diesen in der alten Provinz Pannonien an der mittleren Donau angesiedelt wurden, ihre einheitliche Identität erhielten. Nach Attilas Tod im Jahre 453 n. Chr. und der folgenden schnellen Auflösung der Hegemonie der Hunnen kam ihre Stunde. Unter ihrem Anführer Valamir (oder Valamer) schlossen sich die Goten und ihre Verbündeten in Thra-

13 W. Ensslin, *Theoderich der Große*, 2. Ausgabe 1969; J. Moorhead, *Theoderic in Italy*, 1992; H. Wolfram, *The Roman Empire and its Germanic Peoples*, 1997, 194–223.

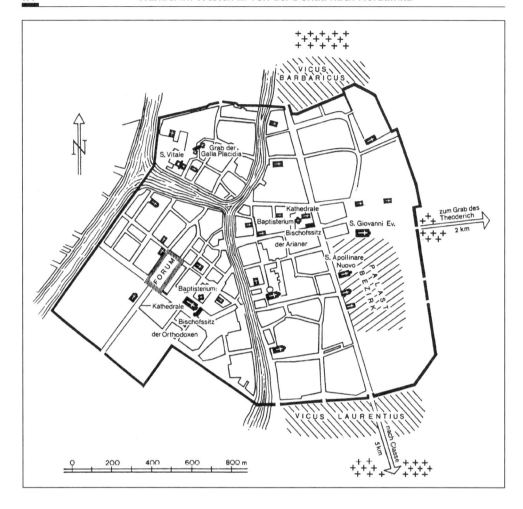

Ravenna in der Spätantike

kien enger zusammen, teils notgedrungen, teils durch Bündnisse zwischen wetteifernden Dynastien. Trotzdem lag noch ein steiler Weg hin zu einer unabhängigen Macht vor ihnen. Durch den Zusammenbruch des Hunnenreiches waren noch andere Bevölkerungsgruppen befreit worden. Die Ostgoten sahen sich unter anderem mit Sueben, Skiren, Herulern und Sarmaten konfrontiert und Byzanz behielt diese Völker an der Donau und auf dem nördlichen Balkan streng im Auge. Abgesehen von dieser Konkurrenz wandte sich die Aufmerksamkeit der Goten in Bezug auf ihre Zukunft auf das östliche Imperium. In den späten 450er-Jahren führten sie Feldzüge in den Balkanprovinzen von Byzanz durch und konnten schließlich jährliche Tributzahlungen von 300 Pfund Gold fordern – sie hatten von den Hunnen offensichtlich viel gelernt. In einer Schlacht gegen die Skiren wurde Valamir getötet und sein Bruder Thiudimer nahm seinen Platz ein, der eine große Schar Goten, Krieger, ihre Familien und ihre Habseligkeiten auf den nordöstlichen

Balkan führte, wo noch die byzantinische Herrschaft galt. Dieser kühne Schachzug könnte von Thiudimers Wunsch ausgegangen sein, die mächtigsten Ostgotensippen zu vereinen und vor allem, die Goten in Thrakien für sein Unternehmen zu gewinnen, da ihr Einfluss am byzantinischen Hof wesentlich größer war als der seine. Diese Ereignisse fanden im Jahr 473 n. Chr. statt. Der 12 Jahre zuvor im Alter von neun Jahren als Geisel nach Byzanz geschickte Sohn Thiudimers, Theoderich, kehrte 471 n. Chr. zu seinem Volk zurück und wurde von seinem Vater in den königlichen Stand erhoben. Die zehn Jahre in Byzanz hatten auf den jungen Mann deutlich Eindruck gemacht. Er war mit der griechischen Kultur des Ostreiches aufgewachsen und lernte in seiner Jugend dessen politische Struktur kennen. Zu diesen Erfahrungen kam, wie spätere Ereignisse zeigen sollten, die Rücksichtslosigkeit seiner eigenen Familie.

Die internen Kämpfe in und zwischen den einzelnen Gotenvölkern waren offensichtlich genauso heftig wie die zwischen den Goten und Byzanz. Der Hauptgegner Thiudimers und seines Gefolges war der Anführer der thrakischen Goten, Theoderich Strabo (der Schielende), der 473 n. Chr. an die Macht kam. Er verfügte über starke Verbindungen nach Byzanz, wo er Land und wichtige politische Kontakte besaß. Als sich die gotischen Verbündeten in der Stadt gegen den Kaiser erhoben und ihm die Treue schworen, wurde seine Position weiter gestärkt. Die thrakischen Goten hatten nun einen anerkannten König und die beiden Fraktionen der Goten kämpften um die Führungsposition im Ostreich. Mitten in dieser Zeit starb Thiudimer, vermutlich 474 n. Chr., und kurz darauf folge ihm sein Sohn Theoderich auf den Thron, der seine Streitkräfte in der Festung von Novae an der unteren Donau zusammenzog, von wo aus er die thrakische Ebene und die Wege nach Byzanz beherrschen konnte. Strategisch gesehen war das ein kluger Schachzug, denn er unterwanderte so die Macht der thrakischen Goten und bot gleichzeitig dem Ostreich seine Streitkräfte an. Kaiser Zenon durchschaute die Situation und tendierte zu Theoderichs Goten, wenn er auch die diplomatischen Beziehungen zu den thrakischen Streitkräften aufrechterhielt. Möglicherweise wollte er die beiden Gotenarmeen gegeneinander ausspielen. Sein Plan war jedoch zu durchsichtig, so dass er schließlich zwei Gotenheeren gegenüberstand. Theoderich führte seine Krieger aus Pannonien nach Byzanz und kam bis vor die äußeren Verteidigungsmauern. Praktisch ohne eigene Armee war Zenon nun mit den Armeen beider Gotenvölker konfrontiert. Man griff zu diplomatischen Finessen, doch die Initiative ging weiterhin von den Goten aus Pannonien aus. In den folgenden Jahren herrschte auf dem nördlichen Balkan ein vernichtender Krieg, bei dem sich die beiden Gotenfraktionen gegenüberstanden und beide Druck auf Byzanz ausübten. Theoderich festigte seine Position zunehmend und als sein

Rivale Theoderich Strabo 481 n. Chr. plötzlich starb, war er in einer noch stärkeren Position, Ansprüche an den byzantinischen Kaiser zu stellen und unter anderem das Amt des *magister militum* und das des Konsuln für das Jahr 484 n. Chr. zu fordern. Kaiser Zenon behandelte Theoderich mit großem Respekt, politisch jedoch hielt er ihn für einen Klotz am Bein. Für den Anführer der Goten mussten anderswo Ziele gesucht werden und Italien, das Byzanz nie so ganz aufgegeben hatte, bot sich an. Es existiert die These, dass Theoderich offiziell beauftragt wurde, in Italien einzumarschieren und die Herrschaft von Odoaker zu beenden, aber es ist zumindest sehr wahrscheinlich, dass er mit Zenons Zustimmung handelte. Damit waren die Weichen für eine Invasion in Italien und eine Rückeroberung der Halbinsel für Ostrom gestellt.

Später im Jahr 488 n. Chr., wahrscheinlich nach der Ernte, führte Theoderich seine Scharen westwärts, ein Zug aus Kriegern und Familien mit ihren Haushalten auf Karren sowie ihrem Vieh. Die Größe dieses Zuges erstaunte selbst den Autor der detailliertesten Quelle, die überliefert wurde. Die Schätzungen liegen zwischen mindestens 35 000 und höchstens 100 000; die tatsächliche Zahl wird wohl irgendwo dazwischen liegen. Ihr Weg führte sie entlang des Donautales über Sirmium und weiter in das Gebiet der Gepiden. Im Frühjahr 489 n. Chr. errang Theoderichs Armee einen entscheidenden Sieg über die Gepiden und sie setzten ihren Weg nach Italien fort. Odoaker war sich der drohenden Invasionsgefahr zweifellos bewusst und seine Bemühungen, Verbündete zu finden, wurden immer dringender. Ende August 488 v. Chr. erreichte Theoderich den Isonzo östlich von Aquileia mit solch einer Macht, dass Odoaker sich nach Verona zurückzog, einem strategisch günstigen Ort für die Verteidigung Italiens. Theoderich drang weiter vor und stellte Odoakers Heer am Fluss Etsch, wo er einen für beide Seiten verlustreichen Sieg errang. Odoaker floh wahrscheinlich nach Ravenna, während einer seiner führenden Befehlshaber sich mit seinem Heer dem Feind ergab, später jedoch zu seinem früheren Herrn zurückkehrte. Theoderich zog sich mit seinen Leuten für den Winter nach Pavia zurück.

Die Ostgoten hatten nun große Teile Norditaliens fest in ihrer Gewalt und Theoderich konnte die vollständige Anerkennung seiner Position durch Zenon erwarten. Dass die Macht auf der Halbinsel nunmehr zerstückelt war, stellte für benachbarte Mächte eine Einladung zur Intervention dar. 490 n. Chr. kamen westgotische Streitkräfte zur Unterstützung Theoderichs und der Burgunderkönig Gundobad führte eine Armee nach Ligurien, ohne dort jedoch dauerhaft etwas zu erreichen.

Das letzte Hindernis blieb Odoaker, den als Herrscher von Italien zu ersetzen Theoderich ausgeschickt worden war. Für kurze Zeit könnte es ein Abkommen zwischen den beiden Herrschern gegeben haben, die Bewohner Italiens gemeinsam zu regieren, doch das war nicht von

Dauer. Am 15. März 493 n. Chr. lud Theoderich Odoaker zu einem Bankett ein und ermordete ihn. In den nächsten 33 Jahren sollte es nur einen Herrscher in Italien geben.

Der Ostgotenstaat unter der Herrschaft Theoderichs behielt viele Elemente der römischen Vergangenheit bei. Der Senat blieb bestehen und seine führenden Mitglieder bekleideten weiterhin hohe traditionelle Ämter wie das Konsulat, das erst der byzantinische Kaiser Justinian 541 n. Chr. abschaffte. Viele der reichen adligen Familien Italiens behielten auch unter der Herrschaft der Ostgoten ihren Reichtum, ihre Privilegien und ihre Ämter. Auch kulturell gesehen gab es zumindest auf höherem Niveau starke Parallelen zum alten Rom. Cassiodorus schrieb nicht nur über historische und christliche Themen, er hinterließ auch bürokratische Aufzeichnungen aus seiner Zeit als Theoderichs Sekretär und gründete ein Kloster bei Vivarium (Squillace), das später zu einem wichtigen Zentrum für die Bewahrung antiker Texte wurde. Für die meisten Bewohner Italiens ging das Leben auf den Gutshöfen und in den Städten im Großen und Ganzen weiter wie zuvor. In Mittelitalien und im Süden dürften die Menschen den Ostgoten nur selten oder sogar überhaupt nicht begegnet sein.

Der Hauptsitz von Theoderichs Regierung befand sich in Ravenna, einer sicheren Stadt mit einem Hafen, der für die Verbindung mit dem Ostreich strategisch günstig lag. Drei Jahrzehnte lang verhielt sich der König wie ein Imperator und baute nicht nur seinen eigenen Palast, sondern auch mehrere bemerkenswerte Kirchen, von denen einige noch heute stehen. Die früheste davon war sicherlich die Kirche des Heiligen Geistes und das dazugehörende Baptisterium der arianischen Ostgoten, ein Komplex, der wahrscheinlich aus dem letzten Jahrzehnt des 5. Jahrhunderts stammt. In den folgenden 20 Jahren wurden, mit der kurz nach 500 n. Chr. im Hafenbezirk Classe gebauten Kirche San Apollinare mit schönen Mosaiken in der Apsis und kurz darauf mit der in Ravenna selbst liegenden Kirche San Apollinare Nuovo, für die arianischen Christen zwei weitere schöne Gotteshäuser errichtet. Auch der Innenraum dieser Kirche ist mit schönen Mosaiken geschmückt, die eindeutig das Werk byzantinischer Künstler sind.

Ostgotische Siedlungen in Italien

Die Siedlungen von Theoderichs Einwanderern in Norditalien sind im Allgemeinen nicht sehr greifbar und nur wenig gesicherte Beispiele sind bekannt. Insgesamt weisen die gotischen Grab-, Hort- und Einzelfunde darauf hin, dass sich die Goten generell im Nordosten und in Mittelitalien, besonders in der venezianischen Ebene, an der Adriaküste vom Hinterland von Ravenna bis über Picenum hinaus, und in der Po-Ebene vom Fluss bis zu den italienischen Seen niederließen. Südlich von Rom wurden bisher nur sehr wenige Funde jeglicher Art verzeich-

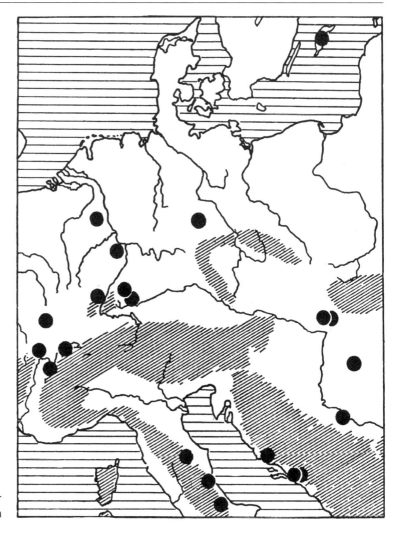

Ostgotische Spangenhelme in Mitteleuropa

net und auch im Norden sind einzelne Orte nur schwer auszumachen. Eine der interessantesten und aufschlussreichsten Siedlungen ist die Hügelfestung Monte Barro zwischen dem Comer See und dem Lago di Olginate. Ursprünglich handelte es sich um eine befestigte Römersiedlung aus dem frühen 5. Jahrhundert. Kurz vor 500 n. Chr. wurde sie von einer Gruppe Goten übernommen, von denen einige Mitglieder den höchsten Schichten angehörten. Um einen zentralen Hof wurden solide Gebäude errichtet, darunter eine Versammlungshalle, die eine ganze Seite einnahm. Bei einem der Funde aus Monte Barro handelt es sich um eine hängende Krone, offensichtlich ein Rangabzeichen, das auf die Anwesenheit eines lokalen Herrschers mit möglichen Verbindungen zum Königshaus hinweist. Auch in anderen Hügelsiedlungen fand man gotisches Material, doch keine von ihnen wurde in dem Maße erforscht wie Monte Barro. Die Alpenpässe, sowie die verwundbaren Bereiche im Zentrum der Halbinsel, wurden natürlich mit strategisch platzierten Garnisonsstädten gesichert. In den Schriftquellen werden einige Paläste aufgeführt, die man, was sicherlich nicht überrascht, in den überlebenden römischen Städten wie unter anderem Ravenna, Pavia und Verona lokalisieren konnte.

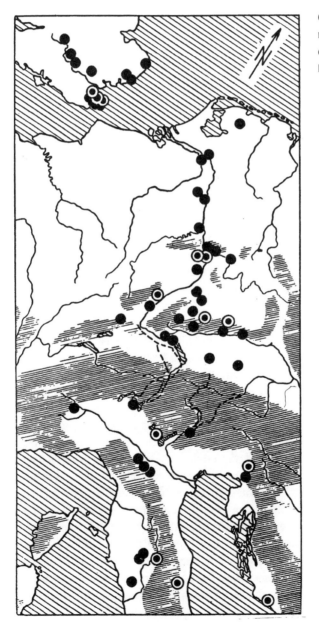

Ostgotische Silbermünzen in den Alpen, dem Rheinland und Britannien

Im 6. Jahrhundert entwickelten sich zwischen dem Ostgotenreich und den Gebieten, die von den Franken beherrscht wurden, Handelsbeziehungen auf hohem Niveau, die sich vor allem im Export von kunstvollen Helmen (Spangenhelmen), Fibeln (vor allem für Frauen) und Silbermünzen, besonders aus der Zeit zwischen 490 und 540 n. Chr., zeigen. Auch wenn die Funde aus dem ostgotischen Italien stammen, so sind die Helme, die auf einen spätrömischen Typus zurückgehen, die Münzen und höchstwahrscheinlich auch die Fibeln Produkte von Werkstätten, deren Handwerkstraditionen auf spätrömische Zeit zurückgehen.

Nach Spanien

Die große Invasion in Gallien führte Ende 406 n. Chr. viele Alamannen, Alanen und Sueben durch diese Region und letztendlich nach Spanien. Die Sueben stammten wohl von den Quaden ab, deren Bemühungen, über die Donau nach Süden zu ziehen, vereitelt worden waren und die nun einen anderen Weg suchten. Zu der Gruppe gehörten außerdem Alanen, die von den Hunnen aus dem Karpatenbecken vertrieben worden waren und ebenfalls an der Donau aufgehalten wurden. Diese unterschiedlichen Volksgruppen, denen sich unterwegs sicherlich noch weitere Menschen anschlossen, erreichten 405/6 n. Chr. den Rhein, zu einer Zeit, als die römischen Streitkräfte an dieser Grenze an Stärke abnahmen. Wie man weiß, fror am letzten Tag des Jahres 406 n. Chr. der Rhein zu und ermöglichte so einen leichten Übergang nach Ostgallien. Das Zufrieren des Rheins wurde von einigen modernen Wissenschaftlern angezweifelt, jedoch ohne triftigen Grund. Es gibt aus späterer Zeit zahlreiche Berichte über das Zufrieren des Flusses, und es ist durchaus glaubhaft, dass er von größeren Menschenmengen überquert werden konnte. Dieser Übergang fand wahrscheinlich in der Nähe der Mainmündung statt, denn die Eindringlinge nahmen die römische Festung in Mainz ein und nach einer Belagerung die Stadt Worms, bevor sie sich in Nordgallien und fast bis an die Kanalküste hin verteilten. Dann fielen ihre Kriegerbanden im südlich gelegenen Aquitanien ein und bedrohten Toulouse, das sie jedoch nicht einnehmen konnten. Im Sommer 409 n. Chr. erreichten sie die Pässe der Pyrenäen und begannen, Spanien zu bedrohen. Sobald sie die Berge überquert hatten, teilten sich die Barbarenarmeen in kleinere Gruppen auf. Die Sueben gingen nach Galizien, während die Vandalen und Alanen sich in den reicheren Osten und Süden aufmachten. Bei ihren Zeitgenossen hinterließ die Invasion Galliens von 407–9 n. Chr. den Eindruck einer großen Katastrophe. „Ganz Gallien brannte wie ein Scheiterhaufen", erschien es dem Priester Salvian, der um 450 n. Chr. schrieb. Dieser Eindruck ist wohl etwas zu düster. Salvian hatte die Angriffe der Franken auf Trier und das Rheinland im Jahr 418 n. Chr. miterlebt und dies mag sein Bild von den

Barbaren in Gallien geprägt haben. Zweifelsfrei bedeutete die Invasion jedoch einen schweren Schlag für die Sicherheit Galliens, von dem sich die Ostgrenze nie wieder erholen würde.

Eine der Wanderungen in Westeuropa, über die am wenigsten bekannt ist, ist die der Sueben, die in der letzten Nacht des Jahres 406 n. Chr. zusammen mit den Vandalen und den Alanen den Rhein überquert hatten.[14] In den nächsten zweieinhalb Jahren schwärmten sie zusammen mit anderen Invasoren über weite Gebiete Galliens aus, ohne auf nennenswerten Widerstand zu treffen. Im Spätsommer 409 n. Chr. marschierten Sueben, Vandalen und Alanen in Spanien ein, das seit über einem Jahrhundert keine Invasion mehr gesehen hatte. Den Eindringlingen fielen schnell weite Bereiche Nordspaniens zum Opfer und zwei Jahre später teilten die unterschiedlichen Invasoren die spanischen Provinzen durch das Los untereinander auf, wie der Chronist Hydatius berichtet. Verträge mit den römischen Behörden werden nicht erwähnt, man schien in der Wahl der Siedlungsgebiete freie Hand zu haben. Die Sueben nahmen Galizien im Nordwesten, Baetica fiel an die Silingen-Vandalen, während die Alanen Lusitania im Westen und Carthaginiensis in der Mitte beanspruchten. Obwohl die Sueben über die Häfen im Westen und Süden keinen direkten Zugang zum Mittelmeer hatten, konnten sie später doch einen großen Teil der Halbinsel beherrschen, besonders nach 428 n. Chr., als die Mehrzahl der Vandalen nach Nordafrika übersetzte. Hierbei handelte es sich nicht um eine organisierte Eroberung. Einzelne Gruppen der Sueben führten ihre Plünderungszüge unter verschiedenen Kriegsherren durch, wobei sie vornehmlich auf Beute aus waren. Dies dauerte bis etwa 460 n. Chr., danach stellte sich ein labiles Gleichgewicht ein.

14 E. A. Thompson, *Romans and Barbarians*, 1982, 137–87.

Hydatius führt für die 450er- und 460er-Jahre eine Reihe Suebenscher Kriegsherren an, doch der Abbruch seiner Chronik im Jahr 469 n. Chr. stürzt uns für fast ein Jahrhundert in Dunkelheit. Die späteren Einträge in seiner Chronik beziehen sich oftmals auf Massaker und die Zerstörung von Städten. Unter den rivalisierenden Kriegsherren litt Nordspanien erheblich, da diese aus den reichen Ländern im Süden immer weiter vertrieben wurden und somit versuchten, aus den nordwestlichen Provinzen das beste herauszuholen. Die Sueben gerieten zusätzlich unter Druck, als die Westgoten unter Eurich in den Jahren nach 470 n. Chr. ihre Macht auf den Ostteil der Halbinsel ausdehnten. Die nunmehr in ihrem ursprünglichen Gebiet Galizien eingeschlossenen Sueben richteten unter den dort verbliebenen Städten und in allen anderen Städten, die sie erreichen konnten, großes Unheil an. Ihre Hauptsitze befanden sich in den befestigten Römerstädten Braga, Astorga und Lugo, in denen noch die Provinzbevölkerung lebte. Das allerdings war keine Garantie fürs Überleben, wie die Bewohner von Lugo 460 n. Chr. erfahren mussten. An Ostern dieses Jahres wurden sie während des christlichen Festes von den Sueben überfallen und viele von ihnen getötet. Die brutale Behandlung der alten Gemeinden währte die meiste Zeit der Geschichte des suebischen Königreiches und endete erst, als es 585 n. Chr. ins Reich der Westgoten aufgenommen wurde.

Man weiß nur wenig von der inneren Struktur des Königreiches der Sueben. Es gab im frühen 5. Jahrhundert einen anerkannten König, aber nach dem Einzug in Spanien brach dieses System zusammen. Man betrachtete die Anführer der Sueben als wichtig oder gefährlich genug, um Botschafter der Westgoten zu ihnen zu entsenden, aber Bündnisse mit ihnen waren vermutlich nicht von langer Dauer. Man arrangierte auch Heiraten zwischen führenden Familien der Westgoten und der Sueben, die jedoch wenig zur Stabilisierung der Beziehungen zwischen den beiden Völkern beitrugen. Gelinde ausgedrückt, waren die Sueben in Bezug auf Staatsführung und Diplomatie unzuverlässig.

Die Absetzung von Romulus Augustulus im Jahre 476 n. Chr. war eigentlich nur noch symbolisch. Im Westen war in den 50 vorangegangenen Jahren die wachsende Macht und der steigende Einfluss der Barbarenherrscher der wichtigste politische Faktor gewesen, der zwar bis zu einem gewissen Grad verschleiert, jedoch nie ganz verborgen werden konnte. Die Goten konnten nun unbehelligt ihre Herrschaft in Spanien festigen und ihre Macht auf die Ostküste und den reichen Süden ausdehnen.[15] Die Länder am Atlantik waren weniger attraktiv. Die Berge im Nordwesten waren fest in der Hand der Sueben. Das Kernland der westgotischen Siedlungen lag im Norden und in der Mitte, zwischen den Senken von Douro und Tagus, und mit wichtigen Erweiterungen in die alte Provinz Baetica im Süden.

Seit fruhester Zeit wurde die westgotische Kultur in Spanien stark von der immer noch lebendigen römischen Stadtkultur geprägt, besonders im Osten und Süden. Die römischen Institutionen blieben erhalten, die römischen Städte bildeten weiterhin die Basis für den administrativen Rahmen und die bildenden Künste der Skulptur und Architektur basierten eindeutig auf spätrömischen Formen. Selbst die so genannten westgotischen Kirchen sind offensichtlich auf römische Konstruktionen zurückzuführen. Besonders Isidorus, der Bischof von Sevilla im frühen 7. Jahrhundert, ein Mitglied einer einflussreichen römischen Familie und ein fleißiger Gelehrter auf dem Gebiet der Geschichtsschreibung sowie der Theologie, führte die Schrift und die Lehre Roms weiter. Seine unvollendete Enzyklopädie, die *Etymologiae*, war eines der wichtigsten Medien, durch das die griechisch-römischen Lehren in das Mittelalter überliefert wurden.

Versucht man, die Spuren der Goten in Spanien zu finden, so stößt man auf verschiedene Schwierigkeiten. Auf den ausgegrabenen Friedhöfen der in Betracht kommenden Zeit liegt scheinbar eine gemischte Bevölkerung bestattet, bei der die römischen Provinzbewohner in der Mehr-

15 Die beste neuere Untersuchung findet sich in P. Heather, *The Goths*, 1996, 194–215.

zahl zu sein scheinen. Oft wurden den Toten keine Beigaben mitgegeben und die wenigen Funde haben meist einen neutralen Charakter. Einer der am vollständigsten ausgegrabenen Friedhöfe, der von Duraton, illustriert diese Schwierigkeiten deutlich. Es handelt sich um einen großen Friedhof mit Reihengräbern, wie sie auch im fränkischen und westgotischen Gallien vorkommen, mit über 660 Gräbern und mehr als 1 000 Toten, der vom späten 5. Jahrhundert bis etwa 600 n. Chr. belegt wurde. In den Gräbern von Männern befindet sich wenig oder fast gar nichts, was entweder eindeutig gotisch oder provinziell ist. Die Frauengräber sind da aufschlussreicher. In den 100 Jahren zwischen 480 und 580 n. Chr. enthalten einige Gräber Schmuck (meist Fibeln) auf Höhe der Schultern und der Taille (meist Gürtelteile und Schmuckstücke). Diese Anordnung gleicht der, die in einigen gotischen Gräbern in Gallien und sogar in Mitteleuropa vorkommt. Einzelne Stücke könnten aus der Mitte des 5. Jahrhunderts stammen, doch haben sicherlich auch gerne Erbstücke als Grabbeigaben gedient. Die Frauengräber scheinen daher eine konservative Tendenz bei den Bestattungssitten darzustellen, während sich in den Männergräbern der Austausch zwischen den Neuankömmlingen und der ansässigen Bevölkerung widerspiegelt. Mit anderen Worten: die eindringende Minderheit nahm die Kultur der bestehenden Mehrheit an.

Nachwirkungen im 6. Jahrhundert

Die Völkerwanderungen des 4. und 5. Jahrhunderts hatten das Römische Westreich in weiten Teilen umgeformt. Doch waren die Völkerverschiebungen damit noch nicht zu Ende. In Mitteleuropa, vor allem auf dem Balkan und in Italien, sollte es noch weitere Bewegungen geben, deren Auswirkungen bis in die nächsten Jahrhunderte dauern sollten. Das hatte natürlich auch Auswirkungen auf das restliche Europa.

Die Langobarden und Italien

Die Invasion der Langobarden und ihrer Verbündeten in Italien im Jahre 568 n. Chr. bezeichnet gemeinhin die Zeit der großen Völkerwanderungen in die Reste des Römischen Westreiches; tatsächlich verhält es sich so, dass diese Wanderer die Letzten waren, die in den früheren römischen Provinzen ein neues Königreich errichteten. Mit den West- und Ostgoten lassen sich diese Nachzügler jedoch nicht so einfach vergleichen. In mancher Hinsicht glich ihre Invasion eher der der Vandalen und Sueben. Die Langobarden kamen ursprünglich aus dem mittleren Elbebecken, zogen im späten 3. und 4. Jahrhundert jedoch nach Süden zur mittleren Donau[1], wo ihre Kultur von der der Sarmaten und später den Goten geprägt wurde. Doch als die Grenze an der Donau im frühen 5. Jahrhundert zerfiel, machten sie keine Anstalten, weiter nach Süden vorzudringen, wahrscheinlich, weil ihre eigene Situation keineswegs sicher war. Zur Mitte des 5. Jahrhunderts waren die Heruler die vorherrschende Macht in Pannonien, denen viele Langobarden unterworfen waren. Erst kurz nach 500 n. Chr. stießen die Langobarden über die Donau vor, obwohl selbst dann noch eine große Zahl von ihnen nördlich des Flusses blieb. Erst als Wacho 510 n. Chr. mit Gewalt die Macht an sich riss, begann sich ihre Situation stark zu verändern. Von seinem Sitz in Mähren aus begann der neue Anführer, seine Macht schnell ins östliche Österreich und in die Ebenen Ungarns auszudehnen. Wacho war klug genug, ostgotisches Gebiet nicht anzugreifen, so lange Theoderich lebte und stärkte die Position seines Volkes in der Zwischenzeit durch die Schließung politischer Ehen. In den 30 Jahren seiner Herrschaft baute Wacho eine starke Macht auf, während die des ostgotischen Königreiches zerfiel und mit dem Tod Theoderichs im Jahre 525 n. Chr. öffneten sich neue Horizonte. Wacho handelte schnell und schloss ein Bündnis mit Byzanz.

Gegen Mitte des 6. Jahrhunderts waren die Länder an der mittleren Donau mehr denn je ein Schmelztiegel.[2] Außer Langobarden trieben sich

1 L. Varady, *Das letzte Jahrhundert Pannoniens*, 1969; J. Werner, *Die Langobarden in Pannonien*, 1962.

2 I. Bona, *The Dawn of the Dark Ages*, 1976.

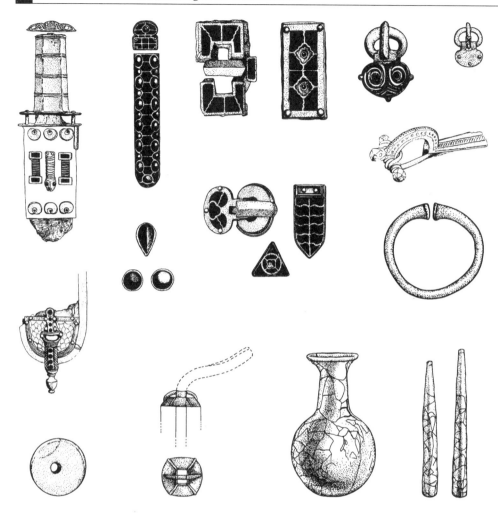

Langobardengrab bei Blučina (Slowenien). 5. Jahrhundert n. Chr.

noch Thüringer, Gepiden, Heruler und Franken in dieser wichtigen Gegend herum. Es gab auch kleinere Gruppen wie die Sueben und die Sarmaten; sie alle wurden vom wiedererstarkten Byzanz beobachtet, während aus dem Osten die Awaren und ihre slawischen Untertanen näher kamen. Der nächste Anführer der Langobarden, Audoin, der Wacho 540 n. Chr. folgte, führte den Großteil des Langobardenvolkes kurz entschlossen nach Pannonien, das er somit beherrschte. Dies bot Anlass für potenzielle Konflikte mit den Ostfranken, die Nordostitalien besetzt hatten, während die Macht der Ostgoten unter Totila angesichts des Angriffes durch Byzanz auf die Halbinsel dahinschwand. Es folgten 20 unruhige Jahre, an deren Ende eine größere Invasion des Ostgotengebietes durch eine byzantinische Armee unter Narses im Jahre 552 n. Chr. stand. Zu dieser Armee zählten mehr als 5 000 Langobarden, die

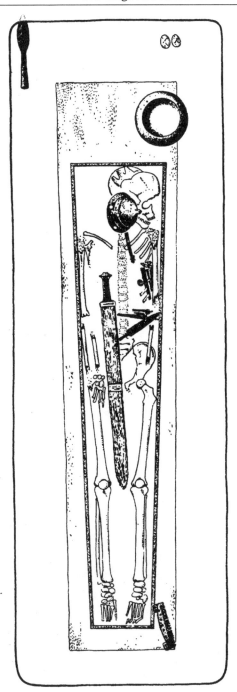

Langobardisches
Kriegergrab bei
Tamási (Ungarn).
Ca. 540 n. Chr.

Kriegergrab eines Gepiden bei Hódmezővásárhely–Kishomok (Ungarn). 6. Jahrhundert n. Chr.

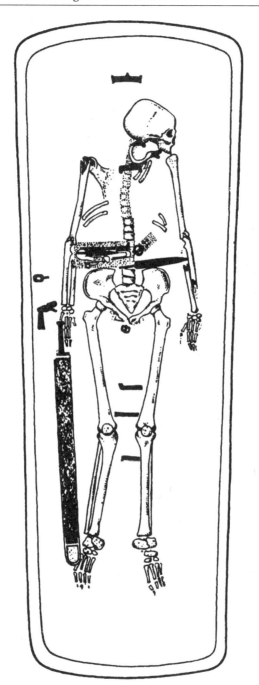

einen großen Anteil am endgültigen Sieg über Totilas Heer und dem endgültigen Ende der ostgotischen Macht hatten. Der Anblick Italiens muss auf die Anführer der Langobarden einen starken Eindruck gemacht haben, und als der Druck von Außen auf Pannonien wuchs, wurde die Anziehungskraft der möglichen Siedlungsgebiete weiter im Süden immer größer. Audoin starb 560 n. Chr. und sein Sohn Alboin wurde sein Nachfolger. Acht Jahre später hatte die Bevölkerung der Langobarden starken Zuwachs durch große Kontingente von Sachsen, Thüringern, Sarmaten, Herulern, Sueben, Gepiden, Bulgaren und Provinzrömern aus den Donauländereien bekommen. Nach dem Osterfest des Jahres 568 n. Chr. zog eine große Menschenmenge an Kriegern, Frauen und Kindern, Tieren und Vieh durch die Ostalpen zum Isonzotal und weiter zum Po. Im Mai nahmen die Invasoren Aquileia ein und zogen weiter, um noch andere befestigte Städte in der venezianischen Ebene zu erobern. Beim Angriff auf Ostgallien in den Jahren 569–75 n. Chr. hatten die Langobarden weniger Erfolg, der gallo-römische Befehlshaber Mummolus fügte ihnen zwei schwere Niederlagen zu. Die Byzantiner und ihre Verbündeten hielten ihre Stellungen in Mantua, Padua, Cremona und anderen Städten in den Alpentälern, so dass der Erfolg der Langobarden nicht vollständig war, wenn sie auch ein bedeutendes Gebiet Norditaliens innerhalb von zwei oder drei Jahren eroberten.

Den Archäologen haben die Langobarden in der ersten Zeit ihrer Siedlung in Italien wenig hinterlassen.[3] Die Stadt Cividale am Fluss Natisone ist eines der frühen Zentren. In mehreren Friedhöfen vor den Stadtmauern zeigten sich Funde langobardischer Herkunft, die zumindest in einem Fall aus der Zeit von 568–90 n. Chr. stammten. Etwa ein Jahrzehnt später bestattete eine adlige Langobardenfamilie ihre Angehörigen in der Nähe der Kirche St. Stephano in Pertica, auch hier außerhalb der Stadtmauern. Gräber innerhalb der Stadtmauern gab es erst nach 600 n. Chr., entweder in oder dicht bei Kirchen. Eine sehr reich ausgestattete Beisetzung in einem Steinsarg innerhalb einer Kirche war sicherlich die eines Mitglied des langobardischen Adels oder sogar eines noch höheren Ranges. In Friedhöfen nördlich des Po, von Piemont bis ins Friaul und nördlich bis zum Gardasee und dem Lago Maggiore gibt es bescheidenere Gräber. Weiter südlich wurden in den Apenninentälern einige germanische Friedhöfe gefunden, die zur Toskana hin jedoch immer seltener werden. Um Rom und südlich davon gibt es nur sehr wenige Funde, die man mit den Langobarden in Verbindung bringen kann, obwohl sie die Halbinsel fast vollständig beherrschten. Doch diese Herrschaft verlor bald ihr Zentrum. Audoin und Alboin waren Herrscher ihres Volkes gewesen, von denen sich besonders Letzterer zu Lebzeiten großer Autorität und nach seinem Tode großen Ruhmes erfreute. Noch vor seiner Ermordung im Jahre 572 n. Chr. wurde die Macht an regionale Befehlshaber verteilt und dieses

3 N. Christie, *The Lombards*, 1995; W. Menghin, *Die Langobarden*, 1985.

Muster wurde später auf das ganze langobardische Italien angewandt, nicht immer mit befriedigendem Ergebnis.

Paradoxerweise liegen zwei der bekanntesten Friedhöfe der Langobarden außerhalb des eigentlichen Siedlungsgebietes. Bei Kastell Trosino, an der Via Salaria von Rom nach Ancona an der Adria, hielten die Langobarden im späten 6. Jahrhundert eine Festung, um diese Straße zu bewachen. In der Nähe fand man einen großen Friedhof mit über 200 Gräbern, viele davon in Form von Steinkammern oder kleinen Gewölben. Der Zusammensetzung der Grabbeigaben nach zu schließen waren die Toten in den Gräbern von Kastell Trosino sowohl Langobarden als auch Angehörige der örtlichen Bevölkerung. Ab etwa 600 n. Chr. wurde eine weitere starke Festung bei Nocera Umbra auf einer Anhöhe über der Via Flaminia zwischen Rom und Ravenna von einer hauptsächlich aus Langobarden bestehenden Kriegergruppe besetzt. Die Funde von Nocera Umbra, Kastell Trosino und Cividale, vor allem Fibeln und anderer persönlicher Schmuck, haben viel gemeinsam. Besonders viele Fibeltypen gibt es in Nocera Umbra, wobei der wichtigste Typus einen halbrunden Fuß mit stilisierten menschlichen Köpfen aufweist. Auch der Fibelkopf ist oft mit einem stilisierten menschlichen Kopf verziert. Verwandte Fibeln, die wahrscheinlich aus derselben Werkstatt stammen, fand man auf einem Friedhof in Arcia bei Chiusi in der Toskana. In einer weiteren Reihe von Gräbern in Grancia bei Grosseto lagen hauptsächlich Angehörige des Militärs, während mehrere Friedhöfe bei Fiesole, einer römischen Hügelstadt über Florenz, ungewöhnlich viel langobardische Keramik enthielten, die zum Teil auf rö-

Langobardenfibel aus einem Grab bei Arcisa (Toskana). Ca. 600 n. Chr.

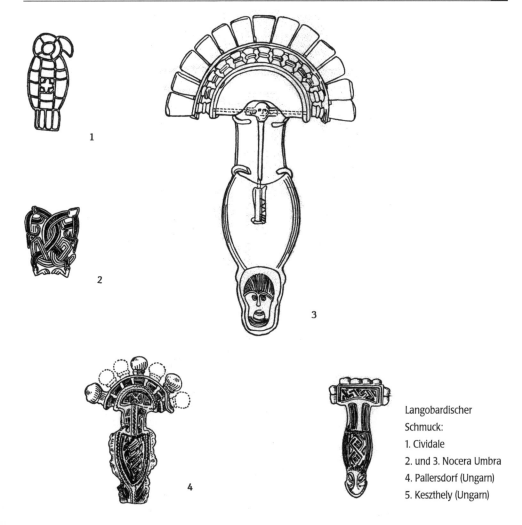

Langobardischer Schmuck:
1. Cividale
2. und 3. Nocera Umbra
4. Pallersdorf (Ungarn)
5. Keszthely (Ungarn)

mische Prototypen zurückgeht. Weiter südlich in Richtung Rom sind langobardische Funde seltener und weiter verstreut. Die Macht der Langobarden scheint Mittelitalien kaum erreicht zu haben und ihre Herrschaft im Süden war höchstens sporadischer Art.

Auf die bestehende Ordnung auf der Halbinsel wirkte sich die Invasion zerstörerisch aus. Die Eindringlinge betraten ein Land, dessen Regierungssystem im Zuge der zerfallenden Macht der Ostgoten und der verheerenden Feldzüge, die die Byzantiner führten, auseinanderbrach. Der Mord an Alboin im Jahre 572 n. Chr. und zwei Jahre darauf an seinem Nachfolger Cleph trug nicht zur Etablierung einer stabilen Politik bei. Während der nächsten zehn Jahre gab es keine einheitliche Königsmacht, die Regierungsgeschäfte wurden von militärischen Machthabern geführt. Sechs Teilreiche lagen im Norden und mindestens zwei in der Mitte, eine Aufteilung, die einer effektiven Regierungsweise offensichtlich nicht entgegenkam. Die einzelnen Führer waren den Machenschaften aus Byzanz in Form von Bestechungsgeldern und anderen Versuchungen ausgesetzt. Später sagte man, dass in dieser Zeit und den folgenden Jahren das Volk von Italien von den langobardischen Streitkräften brutal behandelt wurde. Der Papst beklagte das Schicksal Italiens: „Auf allen Seiten sehen wir Krieg, von allen Seiten hören wir Stöhnen. Unsere Städte sind zerstört, unsere Festungen geschleift, das Land verwüstet. Es ist niemand mehr da, das Land zu bestellen oder die Städte zu bewachen." Italien war immer noch ein reiches Land und seine Güter waren vor einer Übernahme durch die Langobarden nicht geschützt. Viele Gutsbesitzer wurden getötet oder vertrieben. Andere ließ man am Leben, aber nur, um für die langobardischen Siedler zu sorgen. Überall gab es Plünderung und wahrscheinlich auch Zerstörung.

Zu Beginn der Besetzung waren die meisten Langobarden Heiden, nur einige ihrer Adligen waren Christen. Der aus dem Katholischen entstandene arianische Glaube verbreitete sich kurz nach der Invasion. Danach waren die Könige der Langobarden entweder Arianer oder Katholiken und ihre Anhänger waren ähnlich unterschiedlich zusammengesetzt. Ihre religiösen Ansichten und die ihrer Anhänger scheinen jedoch ihr Verhalten gegenüber der italienischen Bevölkerung nicht beeinflusst zu haben. Überall herrschte Gewalt, die oft extreme Dimensionen annahm. Besonders für die Untertanen der Provinzen war die Herrschaft der Langobarden hart und mag wohl so zerstörerisch wie die Besetzung der Vandalen in Nordafrika gewesen sein, wenn nicht sogar noch schlimmer.

Das Auftreten der Slawen

Das Rätsel um die Herkunft der Slawen ist eine der meistgestellten Fragen in Ost- und Mitteleuropa.[4] Tschechische Wissenschaftler halten Böhmen für den Herkunftsort der Slawen, polnische die Ebene der Weichsel. Westrussische und andere Forscher sahen ihren Ursprung in den Pripjatsümpfen und den Wald- und Steppengebieten der südrussischen Ebene. In der frühesten slawischen Überlieferung, einer Chronik aus dem 11. Jahrhundert, lebten die Slawen in der Donauebene, dort, „wo heute die Ungarn und Bulgaren wohnen." Aus diesem Kerngebiet verteilten sie sich über ganz Osteuropa, wobei sie regional unterschiedliche Namen annahmen, unter anderem Moravier, Tschechen, Kroaten oder Serben. Stabile politische Gruppierungen entstanden nur langsam aus diesem Schmelztiegel slawischer Völker. Von Beginn an operierten die slawischen Gruppen für lange Zeit unabhängig und oftmals isoliert voneinander, was die Beschreibung ihres Ursprungs und ihrer frühen Geschichte kompliziert und schwierig macht. Wahr-

4 Z. Vana, *The World of the Ancient Slavs*, 1983; J. Herrman, *Die Slawen in Deutschland*, 1972; W. Hensel, *Die Slawen im frühen Mittelalter*, 1965.

Das Auftreten der Slawen

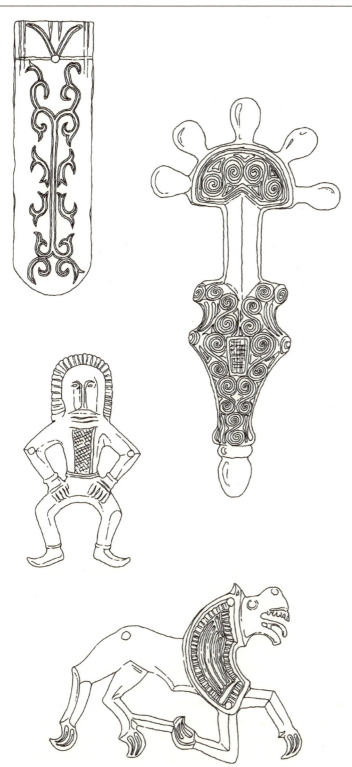

Frühe slawische Objekte aus dem nördlichen Balkan. 6. und 7. Jahrhundert n. Chr.

Slawisches Material in Nordgriechenland. 7. Jahrhundert n. Chr.

scheinlich gab es nicht einen einzigen Ursprung, sondern im 5. und 6. Jahrhundert traten verschiedene Bevölkerungsgruppen auf, die sich auf Land niederließen, das im Zuge der Völkerwanderungen nach Süden und Westen entvölkert oder nur spärlich besiedelt war. Die schriftlichen Quellen bieten nur wenig Informationen zu den frühesten Slawen. In der frühesten byzantinischen Quelle werden sie zum ersten Mal erwähnt, als sie im frühen 6. Jahrhundert die Karpaten überquerten und die byzantinische Grenze im Norden des Balkans angriffen. Um 528 n. Chr. überqueren Kriegerbanden die Donau und ließen sich südlich des Flusses nieder. Weitere Überfälle brachten sie nach Griechenland, Kleinasien und auf einige der Ägäischen Inseln. Zur gleichen Zeit wanderten andere Slawen nach Westen ins Elbebecken und kamen dort mit den sesshaften germanischen Völkern in Kontakt, die zum größten Teil von den Franken beherrscht wurden. An den Flüssen Elbe und Saale wurde eine mehr oder weniger stabile Grenze zwischen Germanen und Slawen errichtet, die sich nach Süden bis Böhmen erstreckte; diese Teilung blieb bis ins 10. Jahrhundert erhalten.

Diejenigen, die nach Polen und Russland im Norden wanderten, lassen sich durch wie auch immer geartete Funde kaum beschreiben. Es finden sich in dieser Region jedoch deutliche Anzeichen für einen kulturellen Wandel im 6. Jahrhundert und es gibt kaum einen Zweifel, dass dieser mit den frühen Slawen zusammenhängt.

Was kann die Archäologie zu diesen spärlichen Aufzeichnungen beitragen? Eines der bedeutendsten Siedlungsgebiete der frühen Slawen war das obere Elbebecken in Böhmen. Durch archäologische Funde lassen sich hier zwei kulturelle Gruppen unterscheiden. Eine davon, die Prag-Korchak-Gruppe, siedelte zwischen der oberen Elbe bis zum Dnjeper und der Ukraine im Osten. Die Siedlungen dieser Kultur waren gewöhnlich klein, unbefestigt und willkürlich angelegt. Die Häuser waren aus Holz mit etwa quadratischem Grundriss und in den östlichen Gebieten gab es gewöhnlich Grubenhäuser. Die Gräber enthielten zumeist Feuerbestattungen, die entweder in flachen Gruben oder in Hügelgräbern (Kurgan) beigesetzt wurden. Anhand von Importkeramik aus dem Mittelmeerraum konnte man den Beginn der Korchak-Gruppe auf das frühe 6. Jahrhundert datieren. Die zweite archäologisch nachweisbare Gruppe in Verbindung mit den frühen Slawen ist eine Kultur, die sich ab dem späten 5. Jahrhundert zwischen Dnjeper und Dnjester aufhielt und die den Namen Pen'kovka erhielt. Hierbei handelte es sich um eine sehr gemischte Kultur, in der sich Elemente früherer Völker aus der Ukraine und den unteren Donauebenen sowie von den Nomaden der westlichen Steppen fanden. Eine Verbindung mit den frühen Slawen kann zwar nicht bewiesen werden, doch haben die Menschen dieser Kultur sicherlich zum Entstehen der Slawen im Osten beigetragen.

Diese Verteilung der frühen Slawengruppen zusammen mit der Tatsache, dass sie sich mit anderen Völkern verbanden, bedeutete, dass die Bildung stabiler Staaten nur langsam voranschritt. Es ist bezeichnend für die Uneinigkeit der frühen Slawen, dass der erste erkennbare Staat die direkte Folge der Verbindungen mit den Franken war und nicht aus ihrer eigenen politischen Ordnung resultierte. Über die Slawen im Westen weiß man aus dem 6. Jahrhundert nur sehr wenig, aber mit Sicherheit entwickelten sich Handelsbeziehungen zum fränkischen Königreich, und dessen Herrscher beobachteten diese Unternehmungen wachsam. Eine der fränkischen Handelsmissionen kam im Jahre 624 n. Chr. an und unter ihnen befand sich ein gewisser Samo mit seinem bewaffneten Gefolge. Sie kamen zu einer Zeit, als sich die Slawen gegen die Herrschaft der Awaren erhoben hatten. Samo schlug sich auf die Seite der Slawen und spielte bei ihrem Sieg eine tragende Rolle. Aus Dankbarkeit wählten ihn die Slawen zu ihrem Anführer, eine Position, die er in den nächsten 35 Jahren innehatte. Er heiratete 12 slawische Frauen, zeugte eine Menge Kinder und führte sein Volk weiterhin erfolgreich in den Krieg, meist gegen die Awaren.[5] Unser Wissen über Samos Karriere verdanken wir einer Fredegar zugeschriebenen fränkischen Chronik, die um das Jahr 650 n. Chr. zusammengetragen wurde. Es handelt sich dabei um ein im Allgemeinen recht gut informierendes

5 W. Pohl, *Die Awaren. Ein Steppenvolk in Mitteleuropa*, 1988; A. Kiss, *Awarenforschungen*, Wien 1993.

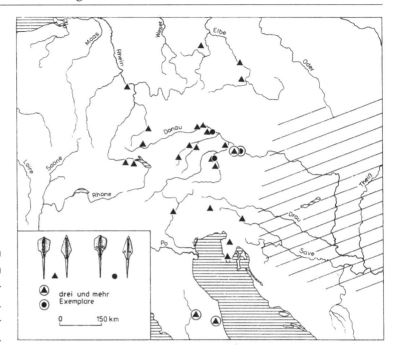

Awarische Pfeilspitzen in Mitteleuropa westlich des Hauptsiedlungsgebietes (schattiert). Spätes 6. bis 7. Jahrhundert n. Chr.

Werk, auch wenn es nur wenig geografische Details liefert, was es schwierig macht, Samos Machtbasis mit einiger Genauigkeit zu lokalisieren. Diese lag sicherlich im Gebiet der westlichen Slawen und somit westlich des Machtzentrums der Awaren in Ungarn, jedoch in Reichweite des östlichen Frankenreiches. Daher bietet sich die mittlere Donauregion zwischen Niederösterreich und der Slowakei an, wo sowohl Funde von den frühen Slawen als auch von den Awaren auftreten. Viel weiter östlich kann sie kaum gelegen haben. Samos Machtsitz lag weit genug im Westen, um einen Angriff des Frankenkönigs Dagobert zu provozieren, den die Slawen abwehrten, und um Samos Armee in das Gebiet der Thüringer am Zusammenfluss von Elbe und Saale einmarschieren zu lassen.

Es war von Anfang an klar, dass die Slawen weder auf kultureller noch auf politischer Ebene ein einheitliches Volk bildeten. Sie traten ganz plötzlich in verschiedenen Gebieten Osteuropas auf. Innerhalb von 50 Jahren nach ihrem Auftreten hatten sie sich an der unteren Donau, auf dem nördlichen Balkan, in Böhmen und im Elbebecken niedergelassen. Allgemein gesagt, bildeten sie eine lose Formierung von Völkern zwischen dem byzantinischen Reich und der entstehenden Frankenmacht. Über ihre ersten Herrscher oder Beweggründe für eine Wanderung ist praktisch nichts bekannt. Der Informationsmangel bezüglich ihrer Anführer kann bedeuten, dass ihre Machtstrukturen im 6. Jahrhundert schwach und unausgebildet waren, eine These, die durch die Art ihrer

Expansion und die geringe Geschwindigkeit, mit der stabile Staaten entstanden, unterstützt wird. Im Großen und Ganzen scheint die Wanderung der Slawen ein ständiger Infiltrationsprozess gewesen zu sein, der durch plötzliche Bewegungen in verwundbar scheinende Gebiete akzentuiert wurde. Slawen operierten für gewöhnlich allein und verbanden sich nur gelegentlich mit anderen, um ein größeres Ziel anzugreifen, wie es 626 n. Chr. geschah, als sie mit den Awaren ohne Erfolg Byzanz angriffen. Die Ziele der Slawen waren eher durch den Bedarf an Land bestimmt als durch die Einnahme prestigereicher Städte, die dem größtenteils bäuerlichen Volk wenig zu bieten hatten. Die frühe Geschichte der Slawen ist daher nicht eine, die sich durch große Schlachten und weite Wanderungen auszeichnet, sondern durch eine langsame und unaufhaltsame Welle von Siedlern, die ihren Weg in unbesiedeltes Land gingen. Der Vorstoß der Slawen auf den Balkan unterstützt diese Annahme.

Der Zug der Slawen nach Süden ist gut dokumentiert, da die Eindringlinge mit der belesenen byzantinischen Welt in Kontakt traten. Byzantinische Chronisten berichten 517 n. Chr., dass slawische Gruppen die Donau überquert hätten und auf dem nördlichen Balkan einfielen, Angriffe, die die nächsten 20 Jahre weitergehen sollten. Kaiser Justinian hielt die Flut der slawischen Einwanderung mit dem altbewährten Mittel auf, sie auf byzantinischem Boden anzusiedeln, das setzte dem Zug der Slawen auf den Balkan jedoch kein Ende. 536 n. Chr. hatten sie die Adriaküste erreicht und dehnten ihre Überfälle in den folgenden 20 Jahren weiter nach Süden aus. Der Vorstoß der Awaren in die mittlere Donauebene gab den Slawen einen weiteren Anreiz für die Kolonisierung des Balkans. Auch wenn sich Slawen und Awaren zu gemeinsamen Expansionsunternehmungen gelegentlich verbanden, so gab es doch auch immer einen starken Wettbewerb unter diesen Völkern, da beide fruchtbares Siedlungsland suchten.

Die Invasion von Griechenland, die 582–83 n. Chr. begann, wird von Johannes von Ephesus wie folgt bildhaft beschrieben:

> Im dritten Jahr nach dem Tode des Kaisers Justin und der Nachfolge des siegreichen Tiberius erhoben sich die verfluchten Völker der Slawen, überrannten ganz Griechenland und die Provinzen Thessaloniki und ganz Thrakien, nahmen viele Städte und Festungen ein, zerstörten sie, brannten sie nieder, plünderten und besetzten das Land; und sie lebten dort in Freiheit und ganz ohne Furcht, als sei es ihr eigenes. Diese Zustände hielten vier Jahre lang an, bis zur Gegenwart, da der Kaiser sich mit Persien im Krieg befand ... Daher konnten sie das Land überfluten und sich schnell darin ausbreiten ... Bis heute, bis zum Jahre 583/4 leben sie hier und in den römischen Provinzen in Frieden.

Die alten Städte Griechenlands erlitten unter der slawischen Invasion großen Schaden. So wurde beispielsweise die Agora im Herzen Athens stark zerstört. Die bemalte Stoa, das spätrömische Gymnasion und auch ein reiches Privathaus, das so genannte Omega-Haus, wurden 583 n. Chr. aufgegeben. Durch die slawische Invasion zerstört, blieb das Zentrum Athens drei Jahrhunderte lang praktisch Ödland, das nur gelegentlich in kleinen Bereichen bewohnt wurde. Anderen Städten in Griechenland ging es nicht besser, auch wenn es dafür wenig Belege gibt. Von den byzantinischen Städten scheinen einige nicht so stark zerstört worden zu sein, es blieb zumindest ein Teil des Lebens in der Stadt erhalten, auch wenn die Bevölkerungszahlen gering waren. Tendenziell zogen die Menschen aus den alten Städten weg; in Sparta ging, auch wenn die Stadt besetzt blieb, ein Teil der Bevölkerung in das entfernte Monemvasia an der Ostküste der Peloponnes, obwohl nicht ganz klar ist, wann dies geschah. Es ist bemerkenswert, dass die Slawen Athen (oder Korinth) nicht als Zentrum ihrer Besetzung wählten. Aufgrund ihrer Gesellschaftsstruktur und ihrer landwirtschaftlichen Ausrichtung zogen sie es wohl vor, ländliche Bezirke zu übernehmen, die ein bescheidenes Auskommen versprachen.

Die Bajuwaren, die Vorfahren der Bayern, werden in den historischen Quellen bis zur Mitte des 6. Jahrhunderts nicht ausdrücklich erwähnt.[6] Kurz nach 565 n. Chr. lokalisierte Venantius Fortunatus, der Bischof von Poitiers, dieses Volk östlich der Lech in der früheren Provinz Rätien. Keine frühere Quelle gibt Aufschluss über die Herkunft der Bajuwaren und ihre Siedlungsgebiete. Im Mittelalter und auch noch danach wurde diese Lücke durch fantasievolle Spekulationen geschlossen. Im 18. Jahrhundert führte man oft hitzige Diskussionen um die Ursprünge der Bayern, wobei einer der Hauptstreitpunkte war, ob die Bajuwaren Kelten oder Germanen waren. Besondere Aufmerksamkeit schenkte man einer möglichen Verbindung zischen den keltischen Boiern aus Böhmen und den späteren Bajuwaren. Die antiken Texte legten eine Verbindung mit der keltischen Welt nahe, während sich die Bayern für durch und durch germanisch hielten, doch gab es immer wieder Spannungen zwischen Gefühl und Tatsachen. Die Debatte wurde das ganze 18. Jahrhundert hindurch geführt. Die Gründung der Bayerischen Akademie der Wissenschaft im Jahre 1759 trug nur wenig dazu bei, eine Tendenz einzudämmen, die keltische Ursprünge favorisierte, doch nur ein paar Jahrzehnte später gab es eine deutliche Verschiebung in der akademischen Welt. Aus Nationalgefühl begann man, die in den klassischen Texten vertretene Meinung abzulehnen, und die Romantik ersetzte die Aufklärung. Beim Zusammenbruch der Macht Frankreichs über Europa nach 1815 tendierte man zu der Annahme, die Ursprünge der Bayern im Zusammenhang mit den Ereignissen der Völkerwanderung in Europa zu sehen. Doch es sollte noch ein Jahrhun-

[6] B. Krüger (Hrsg.), *Die Germanen 2*, 1986, 548–70.

dert vergehen, bevor eine unabhängige Einschätzung der Herkunft der Bayern möglich war.

Im frühen 20. Jahrhundert wurde die Identität der Bayern genauer betrachtet und mit dem Fortschritt der archäologischen Forschung ergab sich ein klareres Bild. Mindestens drei Siedlungsgebiete der Bajuwaren konnten unterschieden werden. Das früheste davon lag in der Gegend um München und erstreckte sich nach Norden ins Isartal. Kurz danach bildete sich zwischen Isar und dem alten römischen Zentrum bei Regensburg ein weiterer Ort. Diese Entwicklungen fanden in der Mitte des 6. Jahrhunderts oder kurz danach statt. Das dritte Siedlungsgebiet lag zwischen dem Inn und der Salzach und in der Gegend um den Zusammenfluss dieser beiden Flüsse. Ein Zusammenhang zwischen diesen Bevölkerungsgruppen kann nicht nachgewiesen werden. Sie stellen einzelne Elemente in einer Grenzgesellschaft an den östlichen Grenzen des Frankenreiches dar.

Seit der Mitte des 6. Jahrhunderts gerieten die führenden Familien der Bajuwaren immer mehr unter die Herrschaft der östlichen Franken, ohne dass sie in Kampfhandlungen verwickelt worden wären. In ihrem Sitz in Regensburg stellte die Familie der Agilolfinger die Anführer einer der ersten Bajuwaren-Gruppen. Außerhalb der römischen Stadtmauern wurden einige Gräber ihrer Würdenträger gefunden. Der Einfluss der Franken war vorherrschend und brachte christliche Begräbnissitten und die Gründung von Kirchen mit sich.

Für das 6. und 7. Jahrhundert lässt sich eine Identität der Bayern nur schwer ausmachen. Zur Bevölkerung gehörten unter anderem Alamannen, Thüringer, Ostgoten, römische Provinzbewohner und Ostfranken. Durch den Druck der Franken von Osten könnte sich bei der gemischten Bevölkerung ein Identitätsbewusstsein entwickelt haben. Überbleibsel der römischen Provinzbevölkerung lassen sich zwar nur schwer belegen, doch darf man sie nicht außer Acht lassen. Gegen Mitte des 6. Jahrhunderts wurden neue Siedlungen gegründet, hauptsächlich um Regensburg und Straubing, an der Donau und in der Nähe von München. Diese Siedlungsphase ging möglicherweise von den Franken aus, die versuchten, diese Gegend nach einer langen Zeit der ständigen Unruhe zu stabilisieren. Heute wird dieser Zeitraum aufgrund neuerer Daten wissenschaftlich in einem anderen Licht betrachtet. Auf dem Friedhof von Klettheim bei Erding belegen etwa 2 300 Bestattungen fast alle größeren Volksstämme, die im 5. und 6. Jahrhundert durch diese Gegend gezogen sind. Der Zug der Lombarden und anderer Völker nach Italien im Jahre 568 n. Chr. verstärkte die strategische Bedeutung der Bevölkerung in Bayern. Das Gebiet unmittelbar nördlich der Alpen lag nun für die Völker aus dem Osten, besonders für die Awaren aus der ungarischen Ebene, offen da. Diese waren in den letzten Jahrzehnten nach Westen vorgerückt und sahen nun die Gelegenheit, Land in Westeuropa zu besetzen. Kleine Gruppen der Awaren stießen nach Bayern vor und im 6. Jahrhundert möglicherweise noch weiter nach Westen. Es gibt jedoch kein Anzeichen dafür, dass sie bis Italien gekommen wären.

Das Eindringen der Bulgaren in Südosteuropa stellt einen weiteren Vorstoß von Menschen aus dem Süden Russlands in den nördlichen Balkan dar.[7] Sie stammten ursprünglich aus dem Wolgabecken und waren mit den nomadischen Turkvölkern Asiens verwandt. Die Chronologie ihrer ersten Wanderung nach Westen ist nicht gesichert, doch sie kamen auf jeden Fall vor dem Ende des 5. Jahrhunderts und wurden in das Netzwerk militärischer Bündnisse verwickelt, die Byzanz eingehen musste, um die Grenze zum Balkan zu sichern. Die Bulgaren waren für ihre Kriegskunst in der Reiterei berühmt, für ihre Anführer (Khans) und Adligen (Bojaren) bildeten Überfälle und weiter reichende Feldzüge die Lebensgrundlage. Im 6. Jahrhundert wurden die Bulgaren von den byzantinischen Herrschern sowohl bekriegt als auch rekrutiert, beides mit unterschiedlichen Ergebnissen. Nach 600 n. Chr. drangen andere Bulgaren aus den Steppen nach Westen in das Gebiet an der unteren Donau vor, wobei sie die Slawen dort unterwarfen und sie zu einer mehr oder weniger einheitlichen Macht organisierten. Die Bulgaren, die die Donauländereien erreichten, waren selbst eine gemischte Gruppe und sie verbanden sich immer mehr mit den Slawen, die ihnen zahlenmäßig weit überlegen waren. Doch die Khans der Bulgaren hatten ehrgeizigere Ziele als die Unterwerfung der Slawen. Die reichen Provinzen Kleinasiens und die Hauptstadt des Byzantinischen Reiches waren zum Greifen nahe. Unter den Bulgarenkhans Asparukh und Tervel wurden im späten 6. und 7. Jahrhundert größere Angriffe gegen das byzantinische Gebiet geführt, womit ein Kampf begann, der mehrere Jahrhunderte lang dauern sollte. Die Macht der Bulgaren wuchs langsam nach Süden und Osten hin, doch Byzanz blieb außerhalb ihrer Reichweite.

7 D. Angelov, *Die Entstehung des bulgarischen Volks,* 1980; H. D. Dorpmann, *Das alte Bulgarien,* 1973.

Wandern, Bleiben und Verändern

Diese Darstellung macht deutlich, dass die große Völkerwanderung aus einer komplexen Reihe von Ereignissen, Prozessen und Beziehungen besteht. Es ist nicht möglich, alle einzelnen Bewegungen in einen einzigen großen Rahmen zu fügen. Die am besten belegten Wanderungen, hauptsächlich aus der späten Römerzeit, hatten sicherlich verschiedene Ursachen und die Mechanismen, die ihren Verlauf bestimmten, waren unterschiedlich. Von den früheren Wanderungen gibt es viel weniger Aufzeichnungen, doch waren sie sicherlich nicht weniger komplex.
Hinter den unterschiedlichen Arten von Völkerwanderungen in Europa kann man bestimmte Tendenzen ausmachen. Oft gab es externe Katalysatoren, entweder eine große Macht wie Rom oder die Ankunft eines mächtigen Nachbarn wie der Hunnen. An den meisten bekannten vorgeschichtlichen und geschichtlichen Völkerwanderungen in Europa war Rom auf die eine oder andere Weise beteiligt. Durch die Ausdehnung der Macht Roms nach Westeuropa wurden Stammesgesellschaften zerstört, die seit langem bestanden und die durch eine Unterwerfung unter die Herrschaft einer Macht, deren Zentrum in der mediterranen Welt lag, viel zu verlieren hatten. Die Helvetier hatten dies in der Mitte des 1. Jahrhunderts v. Chr. wahrscheinlich erkannt. Auch die Kimbern versuchten vermutlich, ihren Anspruch auf Territorium in Südeuropa geltend zu machen, bevor die Römer alle weiteren Versuche in diese Richtung verhinderten. Es gelang ihnen nicht, doch damit hatte der Zug von Norden nach Süden kein Ende. Die als Sueben bezeichneten Völker aus den Ländern östlich des Rheins stießen unter ihrem Anführer Ariovist ins obere Rheintal vor und bedrohten Ostgallien, bevor sie von Caesar daran gehindert wurden. Andere Völker versammelten sich am Niederrhein zu einer Zeit, als sich die Macht des Römischen Reiches im Tal festigte. Die Bewegungsfreiheit war eingeschränkt, auch wenn sich einzelne Gruppen wie die Ubier immer noch auf dem römischen Gebiet westlich des Rheins niederlassen konnten.
Die möglichen Auswirkungen klimatischer Veränderungen müssen noch eingehender erforscht werden, da die Wissenschaft in letzter Zeit auf diesem Gebiet Fortschritte gemacht hat. Durch die Forschungsergebnisse aus Mittel- und Nordeuropa erhält man ein deutlicheres Bild von der klimatischen Verschlechterung in spätrömischer Zeit, nachdem mehrere Jahrhunderte lang relativ milde Verhältnisse geherrscht hatten. Kombinierte Daten aus den Gletschern in den Alpen und denen

in Skandinavien weisen auf eine Kälteperiode zwischen dem 3. und 6. Jahrhundert hin, in der die Bedingungen für den Ackerbau wahrscheinlich ungünstig waren. Doch hier sollen nicht die klimatischen Veränderungen als Hauptursache für die Völkerwanderung genannt werden. Trotzdem hat der große Klimaunterschied zwischen den westlichen Steppen und der mediterranen Welt die Wanderungszüge von Ost nach West wesentlich beeinflusst. Man weiß, dass die Nordseeküsten Deutschlands und Hollands in spätrömischer Zeit immer wieder vom Meer überflutet wurden, was nicht nur die Flächen verringerte, sondern das Land auch unfruchtbarer machte. Als die Macht der Römer an der Grenze zum Niederrhein schwächer wurde, wuchs das Verlangen, sich weiter im Südosten oder jenseits der Nordsee niederzulassen, deutlich.

Im Laufe der vielen Jahrhunderte kann man zwei große Impulse für die Völkerwanderung in Europa ausmachen. Der erste zeigt sich vom späten 1. Jahrtausend v. Chr. bis ins 7. Jahrhundert n. Chr. und besteht aus einem allgemeinen Zug von Nord- und Mitteleuropa nach Süden und Westen, besonders in Richtung auf die Küsten des Mittelmeeres. An diesen Wanderungen waren große Völker beteiligt, wie z. B. die weitreichende Invasion der Kimbern im 2. Jahrhundert v. Chr. zeigt. Den zweiten wichtigen Antrieb gab der Zuzug mehrerer Völker aus den asiatischen Steppen ins Donaubecken und nach Mitteleuropa, wobei sie auch weiter nach Westen vorstießen. Einige dieser Wanderungen waren plötzliche und dramatische Vorstöße wie die der Sarmaten, der Hunnen, Alanen, Awaren, Bulgaren und später der Türken und Mongolen. Archäologisch lassen sich diese Wanderungen noch schwerer nachweisen als die innerhalb Europas. Von einigen wüssten wir gar nichts, wenn es nicht schriftliche Erwähnungen gäbe, wie es bei den Awaren und den Hunnen der Fall ist. Es scheint keinesfalls überraschend, dass viele Völker dem harten Leben in der Steppe zu entfliehen versuchten, doch darf man dabei nicht außer Acht lassen, dass die Mehrheit der Bevölkerung dort blieb und einen Lebensstil und eine Gesellschaftsstruktur aufrechterhielt, die sich in Teilen Zentralasiens bis heute noch erhalten hat. Aber auch für die Nomaden und andere wandernde Völker gab es eine Reihe unterschiedlicher Anreize für ihre Wanderungen nach Westen. Alanen, Sarmaten und später die Hunnen und Awaren wollten in den Armeen von Rom und Byzanz dienen, für einige ihrer Anführer mag dies sogar das wichtigste Ziel gewesen sein, und sie ließen sich erst später im Imperium nieder. Ihre Gefolgsleute hatten wahrscheinlich bescheidenere und dringendere Ziele.

In Bezug auf die individuellen Motivationen zeigt sich, dass in den am besten überlieferten Fällen die Ambitionen der Anführer die treibende Kraft für die Wanderung war. Die Goten, die Alarich im 5. Jahrhundert nach Italien führte, waren eher eine militärische Macht als ein Volk auf Wanderschaft. Alarich kam als germanischer Heerführer nach Italien, der ein Amt im römischen Imperium beanspruchte. Nach seinem Erfolg im Jahr 410 n. Chr., kurz vor seinem Tode, verfolgte sein Nachfolger Athaulf eine andere, stärker politische Linie und versuchte, die Goten in die römische Ordnung zu integrieren. Es ist reizvoll, darüber zu spekulieren, wie erfolgreich seine Politik wohl gewesen wäre, hätte er länger regiert. Wahrscheinlich hätte es Widerstand aus den Reihen der gotischen Adligen und ihres Kriegsgefolges gegeben. Tatsächlich bot die Siedlung der Goten in Aquitanien im Jahre 418 n. Chr. die sicherste Heimat für die kommenden 50 Jahre, auch wenn sie Rom dafür dankbar sein mussten und immer noch auf Abruf zu Diensten des Imperiums zu stehen hatten.

Eine große Unbekannte ist das Ziel Attilas, falls er jemals eines hatte. Es erscheint plausibel, dass er mit der Invasion in Persien seine Macht nach Osten ausdehnen wollte. Warum aber wandte er sich dann nach Gallien im Westen? Zwei Faktoren könnten ihn beeinflusst haben: Zum einen könnte er über die militärische Macht, die ihn südlich des Kaspischen Meeres erwartet hätte, gut informiert gewesen sein, zum anderen könnte der Westen ihm nicht nur reichere Beute geboten haben, sondern schien auch noch von Kräften verteidigt worden zu sein, die keine gemeinsamen Interessen hatten. Wäre es Attila gelungen, Gallien oder einen anderen Teil des Westreiches unter seine Herrschaft zu bringen, die Auswirkungen wären unberechenbar. Früher oder später wären die Hunnen mit der aufstrebenden Frankenmacht konfrontiert worden. Attila oder seine Nachfolger hätten es schwer gehabt, ihr Reich im Westen zu behalten, ohne auf die Unterstützung anderer Völker zurückzugreifen, etwas, was sie nur selten versuchten.

Vielen größeren Völkerwanderungen in die Welt der Römer gingen lange Beziehungen zwischen dem Imperium und den Völkern außerhalb voran. Diese Beziehungen reichten von Handelsbeziehungen auf unterer Ebene bis hin zu politischen Verbindungen in den Oberschichten. Daher wussten viele Barbarenführer und ihr Gefolge genau, was das Imperium ihnen zu bieten hatte. Es spricht einiges für die Aussage, dass die römischen Befehlshaber die Ambitionen der Völker außerhalb durch politische Anerkennung, Unterstützung in irgendeiner Form und durch die Anwerbung von Truppen für das römische Heer unterstützten. Die Grenze zum Römischen Reich stellte in der Realität keine moralische Hürde für die Völker jenseits davon dar. Sicherlich gab es Römer, die eine überhebliche Ansicht von der Trennung zwischen ihrer Welt und jener der Barbaren hatten. Tatsächlich aber waren die Grenzen des Reiches durchlässig, und sie wurden dies mit der Zeit um so mehr, da das Imperium zu seiner eigenen Verteidigung immer stärker von den externen Völkern abhängig wurde.

Mehrere Wanderungen von Völkern in der spätrömischen Zeit und auch danach dauerten längere Zeit und hatten keine bestimmte Richtung. Seit dem späten 4. Jahrhundert begannen die Franken, in Nordgallien einzuwandern und vereinigten sich dabei mit früheren Einwanderern aus den Ländern östlich des Rheins, die von den Römern zur Verteidigung der Gebiete am Niederrhein geholt worden waren. Es handelte sich nicht um eine abgesprochene Wanderung, und falls es Anführer gegeben haben sollte, so sind diese heute unbekannt. Die Wanderung der Angelsachsen in den Süden und Osten Britanniens dauerte sogar noch länger, möglicherweise an die 200 Jahre. Auch hier lag die Ursache in den Militärdiensten der Germanen bei den Provinzstreitkräften des Römischen Reiches und dem freien Nachzug von landsuchenden Siedlern. Abgesehen von der Legende von Hengist und Horsa (die vielleicht nicht nur ein Mythos ist), sind keine Namen von einzelnen Anführern überliefert, doch sind die verfügbaren Quellen nicht zahlreich. Die archäologischen Zeugnisse deuten insgesamt auf den unorganisierten und sporadischen Zuzug von Einwanderern auf der Insel hin, eine stabile Politik entwickelte sich erst zwei Jahrhunderte nach dem Ende der Herrschaft der Römer in Britannien.

In den vergangenen Jahren widmete man dem Zusammenhang zwischen Völkerwanderung und der Bildung von Völkern, Nationen und Staaten zu Recht viel Aufmerksamkeit. Viele der Wandernden hatten wahrscheinlich kein oder nur wenig Bewusstsein für ethnische Identität, zumal viele der wandernden Gruppen sehr gemischt waren. Die Entstehung eines Bewusstseins für kommunale Identität könnte sich erst bemerkbar gemacht haben, als man sich auf einem erkennbaren Territorium sicher niedergelassen hatte. Es wäre zu einfach, unsere heutige Auffassung von Identität und Ethnizität auf Menschen zu übertragen, für die diese Begriffe keine Bedeutung hatten. Selbst ein so offensichtlich einheitliches Volk wie das der Westgoten sah sich wahrscheinlich selbst nicht als ethnische Einheit, bevor sie in Spanien ein stabiles Reich errichteten. Andere wandernde Völker wie die Alanen, Gepiden und Awaren bildeten gar keine Staaten, während wieder andere, wie zum Beispiel die frühen Slawen, mehrere bildeten, allerdings als das Ergebnis einer langsamen Entwicklung, die mehrere Jahrhunderte dauerte.

Ein Merkmal vieler Völkerwanderungen ist die unterschiedliche Zusammensetzung der Wanderer. Auch wenn man der Einfachheit halber die einzelnen Gruppen mit ethnischen Etiketten versieht, bildeten nur wenige tatsächlich eine Einheit. Die gotischen Gruppen umfassten römische Provinzbewohner sowie Gepiden, Rugier und andere. Mit der Invasion der Lombarden kamen mindestens sieben weitere ethnische Gruppen nach Italien und auch der Zug der Franken und Sachsen nach Westen bestand aus ähnlich verschiedenen Gruppierungen.[1]

1 F. Barth, *Ethnic Groups and Boundaries*, 1969; E. Kedourie, *Nationalism*, 1960; J. Rex, *Race and Ethnicity*, 1986; A. D. Smith, *National Identity*, 1991; S. Jones, *The Archaeology of Ethnicity*, 1997.

Literaturauswahl

Die Literatur zur Völkerwanderung im frühen Europa ist sehr umfangreich, daher enthält die folgende Aufstellung vorwiegend Angaben zu Werken zu den in diesem Text besprochenen Themen.

G. Alföldy, *Noricum,* London 1974.
F. Altheim, *Geschichte der Hunnen,* 5 Bde., Baden-Baden 1959–62.
J. H. M. Alty, Dorians and Ionians, *Journal of Hellenic Studies* 102, 1982, 1–14.
H. Ament, *Fränkische Adelsgräber von Flonheim in Rheinhessen,* Berlin 1970.
H. Ament, Der Rhein und die Ethnogenese der Germanen, *Prähistorische Zeitschrift* 59, 1984, 37.
P. Ankert, *Kleinasien und die Kelten,* Sigmaringen 1996.
B. S. Bachrach, *A History of the Alans in the West,* Minneapolis 1973.
P. S. Barnwell, *Emperor, Prefects and Kings,* London 1992.
F. Barth, *Ethnic Groups and Boundaries,* Boston 1969.
S. Bassett (Hrsg.), *The Origins of Anglo-Saxon Kingdoms,* Leicester 1989.
M. Bell, Excavations at Bishopstone, *Sussex Archaeological Collections* 115, 1977, 1–299.
V. Bierbrauer, *Die ostgotischen Grab- und Schatzfunde in Italien,* Spoleto 1975.
H. Birkhan, *Germanen und Kelten bis zum Ausgang der Römerzeit,* Wien 1970.
J. Boardman, *The Diffusion of Classical Art in Antiquity,* London 1994.
J. E. Bogaers und C. B. Rüger (Hrsg.), *Der Niedergermanische Limes,* Köln 1974.
H. W. Böhme, *Germanische Grabfunde des 4. bis 5. Jahrhunderts zwischen unterer Elbe und Loire,* München 1974.
K. Böhner, *Die fränkischen Altertümer des Trierer Landes,* Berlin 1958.
K. Böhner, *Die fränkischen Altertümer des Rheinlands,* Berlin 1970.
I. Bona, *The Dawn of the Dark Ages,* Budapest 1976.
I. Bona, *Das Hunnenreich,* Budapest–Stuttgart 1991.
C. Bridger und C. von Carnap-Bornheim, *Römer und Germanen. Nachbarn über Jahrhunderte,* Oxford 1997.
T. S. Burns, *The Ostrogoths: Kingship and Society,* Wiesbaden 1980.
T. S. Burns, *A History of the Ostrogoths,* Bloomington 1984.

A. Cameron, *The Mediterranean World in Late Antiquity AD 395–600,* London 1993.

A. Cameron und P. Garnsey (Hrsg.), *The Cambridge Ancient History,* Bd. XIII, *The Late Empire AD 337–425,* Cambridge 1998.

J. Campbell (Hrsg.), *The Anglo-Saxons,* London 1982.

M. Carroll, *Romans, Celts and Germans,* Stroud 2001.

N. Christie, *The Lombards,* Oxford 1995.

R. Christlein, *Die Alamannen,* Stuttgart 1979.

D. Claude, *Geschichte der Westgoten,* Stuttgart 1970.

R. Collins, *Early Medieval Spain,* London 1983.

C. Courtois, *Les Vandales de l'Afrique,* Paris 1955.

B. Cunliffe, *Greeks, Barbarians and Romans,* London 1988.

B. Cunliffe, *The Ancient Celts,* Oxford 1997.

A. Davydova, *Ivolga Fortress. Archaeological Sites of the Hsiung-Nu,* I Ivolga Cemetery, Moskau 1995; II, Moskau 1996.

E. Demougeot, *La formation de l'Europe et les invasions barbares,* 2 Bde., Paris 1979.

H. Diesner, *Der Untergang der römischen Herrschaft in Nordafrika,* Weimar 1964.

H. Diesner, *The Great Migration,* London 1982.

G. Dobesch, *Die Kelten in Österreich nach den ältesten Berichten der Antike,* Wien 1980.

J. Drinkwater und H. Elton (Hrsg.), *Fifth Century Gaul: a Crisis of Identity?,* Cambridge 1992.

J. Edwards, *Language, Society and Identity,* Oxford 1985.

H. Elton, *Warfare in Roman Europe AD 350–425,* Oxford 1996.

W. Ensslin, *Theoderich der Grosse,* 2. Ausgabe, München 1959.

V. I. Evison, *The Fifth Century Invasions south of the Thames,* London 1965.

J. Fitz, *Limes,* Budapest 1977.

G. Frumkin, *Archaeology in Soviet Central Asia,* Moskau 1970.

W. Goffart, *Barbarians and Romans AD 418–584,* Princeton 1980.

W. Goffart, *The Narrators of Barbarian History,* Princeton 1988.

H. Grünert (Hrsg.), *Römer und Germanen in Mitteleuropa,* Berlin 1976.

R. Hachmann, *Die Goten und Skandinavien,* Berlin 1970.

R. Hachmann, G. Kossack und H. Kuhn, *Völker zwischen Germanen und Kelten,* Neumünster 1962.

A. Haffner und S. von Schnurbein (Hrsg.), *Kelten, Germanen und Römer im Mittelgebirgsraum zwischen Luxemburg und Thüringen,* Bonn 2000.

U. L. Hansen, *Römische Importfunde im Norden,* Kopenhagen 1987.

J. Harmatta, *Studies in the History of the Sarmatians,* Budapest 1950.

J. Harries, *Sidonius Apollinaris and the Fall of Rome,* Oxford 1994.

W. Hartung, *Süddeutschland in der frühen Merowingerzeit*, Wiesbaden 1983.
P. Heather, *Goths and Romans 332–489*, Oxford 1991.
P. Heather, *The Goths*, Oxford 1996.
L. Hedeager, *Iron Age Societies*, Oxford 1992.
M. Hengel, *Jews, Greeks and Barbarians*, London 1980.
J. Heurgon, *Le tresor de Tènes*, Paris 1958.
E. James, *The Franks*, Oxford 1988.
O. W. Jensen, H. Karisson und A. Vijups (Hrsg.), *Inside Latvian Archaeology*, Gothenburg 1999.
K. Jettmar, *Art of the Steppes*, London 1964.
R. Joffroy, *Le cimetière de Lavoye*, Paris 1974.
A. H. M. Jones, *The Later Roman Empire*, 3 Bde., Oxford 1964.
S. Jones, *The Archaeology of Ethnicity*, London 1997.
W. Jungandreas, Die Moselromanen, *Zeitschrift für Romanische Philologie* 87, 1971, 32–73.
M. Kazanski, *Les Goths*, Paris 1991.
M. Kazanski, A propos de quelques types de fibules germaniques de l'époque des grandes migrations trouvées en Gaule au sud de la Loire, *Antiquites Internationales* 26, 1994, 161–76.
E. Kedourie, *Nationalism*, London 1960.
R. Kenk, *Das Gräberfeld der hunno-sarmatischen Zeit von Kokel, Süd-Siberien*, München 1984.
L. Kilian, *Zum Ursprung der Germanen*, Bonn 1988.
W. Kleiber, Die romanische Sprachinsel an der Mosel im Spiegel der Reliktwörter, *Kurtrierisches Jahrbuch* 14, 1974, 16–32.
J. K. Knight, *The End of Antiquity*, Stroud 1999.
B. Krüger (Hrsg.), *Die Germanen I*, Berlin 1976; *II*, Berlin 1986.
J. Kunow, *Der römische Import in der Germania libera bis zu den Markomannenkriegen*, Neumünster 1983.
A. D. Lee, *Information and Frontiers. Roman Foreign Relations in Late Antiquity*, Cambridge 1993.
J.-P. Lemant, *Le cimetière et la fortification du bas-empire de Vireux-Molhain*, Mainz 1985.
J. H. W. G. Liebeschutz, *Barbarians and Bishops*, Oxford 1990.
H. A. Macdougall, *Racial Myth in English History*, New England Univ. Press 1982.
O. J. Maenchen-Helfen, *The World of the Huns*, Berkeley 1973.
K. Majewski, *Importy rzymskie w Polsce*, Warschau 1960.
P. Maleev, *La Tène Elements in the western Steppes*, Kiew 1995.
R. W. Mathisen, *Roman Aristocrats in Barbarian Gaul*, Austin 1993.
J. Matthews, *Western Aristocracies and Imperial Court AD 364–425*, Oxford 1975.
J. Matthews, *The Roman Empire of Ammianus*, London 1989.

R. McKitterick (Hrsg.), *The Early Middle Ages,* Oxford 2001.
B. Melin, *Die Urheimat der Kimbern,* Uppsala 1965.
W. Menghin, *Die Langobarden,* Stuttgart 1985.
G. Mildenberger, *Germanische Burgen,* Münster 1978.
S. Miniaev, *Derestuj Burial Ground,* Moskau 1998.
J. Moorhead, *Theoderic in Italy,* Oxford 1992.
S. Moscati (Hrsg.), *The Celts,* Venedig 1991.
A. C. Murray (Hrsg.), *After Rome's Fall,* Toronto 1998.
R. Nierhaus, *Das swebische Gräberfeld von Diersheim,* Berlin 1966.
L. Pauli et al., *Die Kelten in Mitteleuropa,* München 1980.
P. Perin, *La datation des tombes merovingiennes,* Paris 1980.
P. Perin und L.-C. Feffer, *Les Francs,* Paris 1987.
O. Perrin, *Les Burgondes,* Neuchatel 1968.
E. D. Phillips, *The Royal Hordes. Nomad Peoples of the Steppes,* London 1965.
R. Pirling, *Das römisch-fränkische Gräberfeld von Krefeld-Gellep I,* Berlin 1966; II 1974; III 1979.
D. Piton, *La necropole de Nouvion-en-Ponthieu,* Berck-sûr-Mer 1985.
W. Pohl, *Die Avaren. Ein Steppenvolk in Mitteleuropa,* München 1988.
K. Randsborg, *The First Millennium AD in Europe and the Mediterranean,* Cambridge 1991.
J. Rex, *Race and Ethnicity,* Open Univ. Press 1986.
S. Reynolds, Medieval origines gentium and the community of the realm, *History* 68, 1983, 375–90.
J. B. Rives, Tacitus, *Germania,* Oxford 1999.
R. Rolle, *The World of the Scythians,* London 1989.
M. Rouche, *L' Aquitaine des Wisigoths aux Arabes 418–781,* Paris 1979.
L. Schmidt, *Die Ostgermanen,* München 1942.
L. Schmidt, *Geschichte der Wandalen,* 2. Ausgabe, München 1942.
W. Schulz, *Das Fürstengrab von Hassleben,* Berlin 1933.
W. Schultz, *Leuna. Ein germanischer Bestattungsplatz der spätrömischen Kaiserzeit,* Berlin 1953.
A. D. Smith, *National Identity,* London 1991.
P. Southern und K. R. Dixon, *The Late Roman Army,* London 1996.
D. Straub (Hrsg.), *Severin. Zwischen Römerzeit und Völkerwanderung,* Linz 1982.
K. F. Strohecker, *Germanentum und Spätantike,* Zürich 1965.
T. Sulimirski, *The Sarmatians,* London 1970.
D. Talbot Rice (Hrsg.), *The Dark Ages,* London 1965.
E. A. Thompson, *The Early Germans,* Oxford 1965.
E. A. Thompson, *The Visigoths in the Time of Ulfila,* Oxford 1966.
E. A. Thompson, *The Goths in Spain,* Oxford 1969.
E. A. Thompson, *Romans and Barbarians,* Wisconsin 1982.

R. Thomsen, *The Italic Regions from Augustus to the Lombard Invasion,* Kopenhagen 1947.

D. Timpe, *Arminius-Studien,* Heidelberg 1970.

M. Todd, *The Northern Barbarians,* 2. Ausgabe, Oxford 1987.

M. Todd, *The Early Germans,* Oxford 1992.

Z. Vana, *The World of the Early Slavs,* London 1983.

L. Varady, *Das letzte Jahrhundert Pannoniens,* Amsterdam 1969.

A. A. Vasiliev, *The Goths in the Crimea,* Cambridge 1936.

R. Vulpe, *Le Vallum de la Moldavie Inferieure et le 'Mur' d' Athanaric,* Den Haag 1957.

M. Waas, *Germanen im römischen Dienst,* 2. Ausgabe, Bonn 1969.

E. Wahle, *Zur ethnischen Deutung frühgeschichtlicher Kulturprovinzen,* Heidelberg 1952.

L. Webster und M. Brown (Hrsg.), *The Transformation of the Roman World AD 400–900,* London 1997.

R. Wenskus, *Stammesbildung und Verfassung,* Köln 1961.

J. Werner, *Die Langobarden in Pannonien,* München 1962.

J. Werner, *Spätes Keltentum zwischen Rom und Germanien,* München 1986.

C. Whickham, *Early Medieval Italy,* London 1981.

H. Wolfram, *Geschichte der Goten,* München 1979.

H. Wolfram, *The Roman Empire and its Germanic Peoples,* California 1997.

I. Wood, *The Merovingian Kingdoms 450–751,* London 1994.

E. Zollner, *Geschichte der Franken bis zur Mitte des sechsten Jahrhunderts,* München 1970.

Register

Achaimeniden 51
Aëtius 78, 94, 112
agri decumates 47, 48, 63
Airan, Grab 71–72
Alamannen 62–64, 66, 71, 78, 106
Alanen 55–57, 77, 93–96, 98–99, 106, 110, 120–121, 142–144
Alarich 98, 105, 109
Alboin 129, 131
Alexander der Große 30, 56
Alzey 71
Ammianus Marcellinus 89, 91–92, 107
Aorsi 55–57
Aquae Sextiae (Aix) 29
Aquitanien 29, 110, 112, 120, 143
Arausio (Orange) 29
Arbogast 70
Ariovist 33–35, 46, 141
Arminius 39
Athaulf 110, 143
Athen 31, 138
Atilius, Q. Primus 43
Attila 78, 92, 94–96, 113, 143
Audoin 126, 129
Augustinus 99
Ausonius 66
Awaren 93–126, 135–137, 139, 140, 142, 144

Bajuwaren 71, 138–139
Bastarner 23–24
Beda 82
Belgier 37
Bertha 85, 87
Blučina, Grab 126

Böhme, H.-W. 12
Bologna 20, 24
Brennus 30
Britannien 10, 36–37, 61, 66, 79–88, 119, 144
– Sachseninvasionen 79–82
Bulgaren 129, 132, 140, 142
Burgunder 77–79, 94, 97
Bury, J. B. 11

Caesar, Julius 20, 34–37, 46–47, 141
Caistor-by-Norwich 80–81
Canterbury 82–83, 87
Childe, G. 11
Childerich 71, 73–75
China 51, 56, 91
Ciumesti, Grab 33
Cividale 129–131
Černiachov-Kultur 101–103
Chlodwig 70–71, 113
Clusium 21
Concesti, Grab 96

Daker 33, 57
Dakien/Dacia 49, 77, 95, 97, 108
Delphi 28, 30
Diersheim, Gräberfeld 46
Diviciacus 35, 37
Donau 15–16, 20, 22–24, 27, 29–30, 33–34, 39, 42, 44–45, 47–49, 52, 55, 61–63, 71, 77, 89, 92, 95–97, 101–108, 113–115, 120, 125, 134, 136–137, 139–140
Dorchester-on-Thames 83
Dumnonia 88

Dumnorix 35
Dünkirchen-Verschiebung 17
Duraton, Friedhof 111, 123

Ethelbert 82, 85, 87
Ethnizität 9, 12–13, 144
Etrusker 19–20
Eurich 113, 121
Ezinge 81

Feddersen Wierde 81
Fiesole 130
Franken 13, 62, 65–71, 74–75, 78–79, 84, 88, 94, 105, 113, 120, 126, 134–136, 139, 143–144
– in Britannien 85–87
Fraomar 66
Friesen 79, 88
Fritigern 109
Furfooz 69

Galater 22, 31–32
Galla Placidia 73, 109–110
Gallo-Römer 75–77, 94
Geiserich 94, 98–101
Gelber Berg 64
Gelduba (Krefeld-Gellep) 66, 69–70
Gepiden 45, 94–95, 116, 126, 128–129, 144
Gibbon, E. 10
Gildas 82, 88
Gletscher 16–17, 141
Goffart, W. 12
Goldfunde 72–74, 92–94
Goten 11–13, 24, 44–45, 79, 89, 95, 97–99, 103–110, 112–118, 122, 125, 142–143
Griechenland 22–23, 28, 30, 134, 137–138
Gundahar 78
Gundobad 78–79, 116

Hadrianopolis 108
Hallstatt 19
Hassleben, Gräber 49
Hawkes, C. 36
Heimstetten, Gräber 49
Helvetier 28, 33–36, 141
Herodot 52
Heruler 93–94, 106, 114, 125–126, 129
Highdown 84
Hildesheim, Schatz 40–41
Hippo Regius 99, 101
Hitler, A. 9, 16
Hódmezővásárhely, Hortfund 92, 128
Hsiung-nu 56–59, 91
Hüfingen 63
Hull, M. R. 36
Hunnen 51, 55–57, 59–60, 71, 77–78, 89, 91–93, 95–96, 98, 105–107, 110, 112–113, 120, 141–143
Hydatius 121

Iazygen 23, 56–57
Isidorus, Bischof von Sevilla 122
Ivolga, Festung 58

Justinian 117, 137

Kalkriese, Schlachtfeld 41
Karthago 22, 99–101
Kastell Trosino 130
Kelten 10, 12, 19–22, 24–26, 29–33, 36, 47, 138
Kent 37, 80, 82–83, 85
Kimbern 27–29, 33–35, 141–142
Kimmerier 52–53
Klima 14–17
Kokel, Friedhof 59–60
Köln 67–68, 70, 75
Konstantin III. 109
Kossinna, G. 11
Kriegsveteranen 58

Register

laeti 68
Langobarden 125–126, 129–132, 139, 144
Latein, Sprachtradition 77
Leuna, Gräber 44
Lincoln 81
Lindenschmidt, W. und L. 10
Livius 20–21
London 80, 87

Magdalensberg 27, 34
Magnus Maximus 88
Mailoc, Bischof 88
Marius, C. 29
Markomannen 42, 49
Markomannien 49
Maroboduus 39
Massageten 51, 56
Mezőberény, Grab 93
Mithradates 24, 32, 57
Monte Barro 118–119
Mosel 21, 46, 62, 71, 77
Mucking, Siedlung und Gräberfeld 80
Mušov, Grab 42

Nagyszéksós, Hortfund 92
Narbo Martius (Narbonne) 28, 109, 112
Nervier 45
Neupotz, Hortfund 61–62
Nibelungenlied 78
Niederstotzingen, Grab 65
Nocera Umbra 130–131
Noricum 24–26, 29, 33–34

Odoaker 116–117
Ostgoten 79, 89, 94–96, 105–106, 113–114, 116–117, 125–126, 131, 139

Pergamon 31–32
Pevensey 84–85
Polybius 20–22

Pompeius Trogus 19–20
Portchester 84
Pouan, Grab 71–72
Ptolemäus 37

Quaden 42, 49–50, 120

Ravenna 100, 114, 116–117, 119, 130
Rhein 15, 21–22, 35, 39, 41, 45–47, 61–63, 66–73, 77–78, 83–84, 94, 105, 120–121, 141, 144
Rom 20–22, 24–25, 27, 29, 31–35, 39, 42, 48–50, 57, 60, 74, 78, 89, 94, 97–100, 104, 107–110, 117, 122, 129–131, 141–143
– Invasion in Germanien 39
– Töpferöfen 45
– Senat 28
– Silbergefäße 42
– Handelsbeziehungen 42
Roxolanen 23, 55–57
Runder Berg, Festung 63

Sachsen 67, 71, 79–80, 82, 87, 94, 129, 144
Salvian, Priester 120
Samo 135–136
Sarmaten 23–24, 44–45, 53–54, 56, 57, 60, 94, 97, 106, 114, 125–126, 129, 142
Sarmatien 49
Selzen, Gräberfeld 10
Sidonius Apollinaris 112
Silvanus 67
Skythen 51–54, 56
Slawen 11, 71, 132, 134–138, 140, 144
Steppe/n 14–16, 22, 51–59, 89, 91, 94, 98, 135, 142
Stilicho 98, 109
Strabo 22–23, 32, 56–57

Straze, Gräber 44
Subventionen, röm. 44–45
Sueben 35, 63, 77, 94, 106, 114, 120–122, 125–126, 129, 141

Tacitus 47, 78
Tènes, Hortfund 101
Theoderich, Ostgotenkönig 115–117, 125
– Strabo 115–116
– Westgotenkönig 94–95, 112
Thompson, E. A. 12
Tolosa, Tolouse 29–30, 95, 110–111, 120
Treverer 32, 45
Trier 62, 70–71, 77, 120
Tungerer 45–46

Ubier 46, 141
Ulfila, Bischof 104

Valens 105–108
Vandalen 45, 77, 96–101, 110, 120–121, 125, 132
– Invasion in Nordafrika 98–101
Varus, P. Quinctilius 41, 47
Vireux-Molham, Festung und Friedhof 69

Wacho 125–126
Waldgirmes 41–42
Wenskus, R. 12, 106
Westgoten 78–79, 89, 94, 96, 101, 104–106, 110, 112–113, 121–122, 125, 144
Wijster 81
Wolfram, H. 12, 106

Zenon 115–11

Bildnachweis

Antikenmuseum Berlin: S. 26
Artia, Prag: S. 133, 134
Bayerische Akademie der Wissenschaften, München: S. 131
Bayerische Akademie der Wissenschaften und
C.H. Beck Verlag, München: S. 126
Istvan Bona, Budapest: S. 127, 128
Otto Braasch, Landshut: S. 63
British Museum, London: S. 54
Germanisches Nationalmuseum Nürnberg: S. 72, 75, 86
Historischer Verein für Mittelfranken: S. 64
L. S. Olschki Editori, Florenz: S. 130
National Museum, Bukarest: S. 103
nach: P. Paulsen, Alamannische Adelsgräber von
Niederstotzingen (1967): S. 65
Rheinisches Landesmuseum Bonn: S. 40, 68, 76
Römisch-Germanische Kommission, Frankfurt am Main: S. 41, 42, 118, 119
Malcolm Todd: S. 25, 43, 44, 73, 108, 111, 114, 136

ARCHÄOLOGIE & GESCHICHTE

Die Germanen
Von den frühen Stammesverbänden zu den Erben des Weströmischen Reiches. Dieses Buch bietet einen **anschaulichen Überblick** über die Germanen und ihren Einfluss auf die westliche Zivilisation. Der Autor zieht sowohl archäologische als auch literarische Quellen heran, um die Geschichte der Germanen darzustellen. Er schildert die **Entwicklung der Goten, Vandalen, Sueben, Franken, Alamannen, Burgunder und anderer germanischer Völker** von später prähistorischer Zeit bis zur Völkerwanderung. Von M. Todd. 270 S., mit 41 SW-Abb., Plänen und Karten.

Die Wikinger
Geschichte und Kultur eines Seefahrervolkes. Dieses von international renommierten Wissenschaftlern verfasste Buch präsentiert eine wegweisende Darstellung der Wikinger und ihrer Zeit. Dabei werden die **neuesten Forschungsergebnisse** berücksichtigt: Ausgrabungen liefern **faszinierende archäologische Ergebnisse**, die in diesem reich illustrierten Band beschrieben werden. Das neue Standardwerk – ein fesselnder, reich bebilderter Überblick zu den Wikingern. Herausgegeben von Peter Sawyer. 336 Seiten mit 140 SW-Abbildungen und 35 Farbfotos.

Die Sachsen des frühen Mittelalters
Die **erste Gesamtdarstellung** der sächsischen Frühgeschichte von der ersten Erwähnung bei Ptolemäus von Alexandria um 150 n. Chr. bis zu den sächsischen Großen, die als Könige und Kaiser eine führende Rolle spielten. Der Autor zeichnet ein **anschauliches Bild** von der Lebenswelt einer der großen Stämme der germanischen Frühzeit. Von T. Capelle. 166 Seiten, 68 Abbildungen.

Die Alamannen
Mit der Darstellung von **Wirtschaft und Handel, Kunsthandwerk, Textilverarbeitung, Tracht und Bewaffnung, aber auch Religion und Kult** entsteht in diesem Buch ein überaus **anschauliches Bild** der Lebensformen und des Lebensgefühls im merowingischen Alamannien. Herausgegeben vom Archäologischen Landesmuseum Baden-Württemberg. 400 Seiten mit 500 teils farbigen Abbildungen.

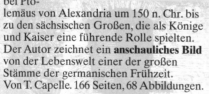

DIE GROSSE ARCHÄOLOGIE-ZEITSCHRIFT

Die reich illustrierte Zeitschrift »Archäologie in Deutschland« eröffnet faszinierende Einblicke in die Vergangenheit

Erleben Sie ...

▶ faszinierende Entdeckungen, Grabungen, Funde und Forschungen von der Urzeit bis heute: älteste Menschenfunde, früheste Siedlungen, erste Bauern, Anfänge der Metallverarbeitung, Fürsten der Eisenzeit, Römer und Germanen, Völkerwanderung, mittelalterliches Leben in Stadt und Land ...

▶ bedeutende archäologische Museen und Ausstellungen, gefährdete und gerettete Denkmäler, lohnende Exkursionen zu Stätten der Vor- und Frühgeschichte.

▶ die Welt der internationalen Archäologie: von den Mayabauten Mittelamerikas bis zu den Tempeln und Pyramiden Ägyptens.

▶ archäologische Schwerpunkte und Entwicklungen sowie wichtige Entdeckungen bei unseren Nachbarn durch das »Fenster Europa«.

▶ Für »Archäologie in Deutschland« schreiben Wissenschaftler aus Universitäten und Fachinstituten, Denkmalämtern und Museen, Restauratoren, Journalisten und Historiker.
Sie garantieren fundierte Beiträge, die für jeden Leser gut verständlich sind.

▶ »Archäologie in Deutschland« erscheint sechsmal im Jahr.
Format 21 x 28 cm, 84 Seiten mit zahlreichen, größtenteils farbigen Abbildungen. Ein zusätzliches Sonderheft widmet sich auf rund 120 Seiten einem speziellen Thema.

AiD jetzt auch im Internet!
Probieren Sie es aus, wählen Sie an:
http://www.theiss.de

Konrad Theiss Verlag GmbH, Mönchhaldenstr. 28, 70191 Stuttgart,
Telefon (07 11) 2 55 27-14, Fax-17 • e-mail: service@theiss.de

THEISS